我

不想　可以　渴望
排斥　拒绝

成为　拥有　赞美
感谢　责备

的

美丽　智慧　快乐
独立　鸡娃　内疚
疲惫　躺平

母 亲

当我们不再用"伟大""超人"等词语定义母亲时，
她们才能得到真正意义上的松绑。

文
景
Horizon

我不想成为
伟大的母亲

泓 舟 著

上海人民出版社

本书呈现的母亲群像如此真切鲜活，带着切肤之感传达出那些被漠视已久的期待、困顿与挣扎。作者从具体而微的生活肌理着手，延伸到社会结构与观念的分析。精微的观察，犀利的质疑以及审慎的思考，挑战着固化的母职身份与传统的两性关系模式，同时也蕴含着朝向未来的新希望。

——刘擎（华东师范大学教授）

采访日常，千倍难于采访战地，因为需要更大的耐心和更温柔的体察。泓舟这份珍贵的社会观察，展现了中国城市女性，作为母亲的生命细节。卸下"伟大"的包袱，每一个人都在"发现问题—解决问题"中找到意料之外的可能性。

——周轶君（纪录片导演、战地记者）

完美主义像一个魔咒，召唤出社会期待的金钟罩，把女性严丝合缝地罩在里面。她们不知不觉内化了种种期待，生出对自我越来越高的要求。而满足这些要求要付出的成本大部分也是她们自己承担的，因而也是在公共领域不可见的。至此，这个金钟罩的完美闭环便形成了。这本书中的一篇篇真实讲述，是敲开这金钟罩的锤声。

—— 李一诺（一土教育创始人）

这本书非常难得地让真实的母亲发声。做教育这几年，我也接触过成千上万的妈妈，这本书中提到的很多困扰——"母亲"角色和自我发展、职业要求、家庭其他成员的种种矛盾冲突，我也听过很多次。很高兴有这样一本书，能让更多人理解妈妈的不易，也让更多妈妈觉醒：其实你可以不用做伟大的牺牲者，而是做自我生活的主导者。

——郝景芳（作家，童行书院创始人）

目　录

第一章
看不见的选择

女人即母亲。

对女性而言，这句话听起来像是不容置疑的召唤。放眼周遭，我们就能看到很多活生生的例证。大多数女性确实完成了怀孕、分娩的整个过程，而在成为母亲的那一天，很少人意识到，那是女性重新撰写人生故事的分界点。我们习惯于歌颂母亲的伟大，认定女性天然能够胜任母亲这一身份，是孩子们的主要照顾者、陪伴者，但是极少有人会在一个女性成为母亲之前，愿意坐下来，面对面，耐心地告诉她，今后要为之付出怎样的代价，生活重心将如何难以逆转地改变。

多年前，一位事业上颇有成就的女性朋友对我说，永远不要幻想平衡工作和家庭，那是不可能的。彼时，我还沉浸于初为人母的喜悦和兴奋中，尚存天真，认定自己可以安顿好生命中的每个角色，及其所赋予的多重责任。一年、两年、三年……做妈妈的时间越长，我越发觉个人的空间在一点点被压缩。这不仅关乎时间管理的问题，还有心与力的两难。我一直试图平衡一切，而生活却仿佛一个咧开了嘴的玩偶，有些恶作剧般地望着我大笑。

我发现很多女性和我一样，在潜意识里，用日夜履行的母职为自己筑起了一道又高又厚的围墙，把人生的可见性和可能性一分为二，却无所察觉。可见的是，年复一年，生活里一道又一道的困扰，将家庭生活以外的可能性拒之门外。当我们无法解决工作—家庭的矛盾时，只能把原本属于自己的空间再压缩一些；当我们被迫放弃曾经的梦想和部分的人生，我们便努力说服自己去接受，允许一切发生；当我们独自走入狭窄的小巷里，求助的声音长久不被听见，我们便选择沉默。我在自己和身边的女性朋友身上，都体会到，被拖入一条叫作"家庭"的河流后，会怎样不受意志所控地向前漂流，驶入更宽阔还是更狭窄的河道，抑或是停泊在何处，似乎都不由自己来选择。在急速变化的现代社会中，每个人都难以逃离于无形的命运之手，而女性在不确定和失序感面前，似乎拥有更为敏锐的嗅觉。

为什么是她们?

在本书中,我深入访谈了二十余位工作、生活在城市的女性。[1] 在大众的印象中,她们普遍拥有良好的教育背景,且有能力、有资源为孩子提供优质的养育环境、教育条件和亲子陪伴。然而她们在处理工作和家庭的矛盾时,有着难言之隐和扑面而来的两难:为了照顾孩子而不得不调整甚或放弃自己的职业理想,在妻子、母亲的身份之外,需要费尽心力才能保有作为独立个体的价值,会为了成为一个好妈妈而反复陷入迷思——我这么做,是不是太自私了?别人会怎么看待我?

访谈的过程中,被访对象们都不吝于分享,她们中的一些甚至说,"你大胆问吧,我可以知无不言,言无不尽"。受宠若惊的同时,我也在思考她们为什么愿意敞开心扉,甚至会主动触碰一些涉及隐私的敏感议题。首先,最主要

---

[1] 本书将所有受访者的姓名等个人身份信息隐去,使用化名,将所有可能辨识身份的细节改写或是略去以保持受访者的匿名性。

的原因是彼此的身份认同：我们都是女性，都是母亲。不可否认，这是与她们访谈时天然的优势，我会和被访对象分享自己在育儿中遇到过的困扰和棘手问题，从而唤起共情，打破我们之间的陌生界线。她们会告诉我，自己成长于一个怎样的家庭，如何度过童年、少年时期，和父母之间的关系怎样，曾经对于婚姻的期待以及为人母的心理变化……这些看起来和"做妈妈"这件事联系并不紧密，但事实上，从这些过往经历的讲述中，她们能够卸下防备，且更为连贯地看待自己当下所扮演的角色。如果每个人的多重身份都是由一段又一段环环相扣的经历所组成，那么母亲这个角色在女性的生命中也从来不是横空出世、凭空而起的。如果忽略了她们和其他社会角色之间的关系，那么女性的声音也会难以真实地表达，其困境亦难以较为完整地呈现。在完成一系列的调研和深度访谈后，我愈发相信，女性的个体叙述，也是构成我们生活的整个世界的恢宏故事的一部分。

在很多人眼里，女性似乎天生不具备梳理自我、准确表达自我诉求的能力，难以做出理性的判断和选择。譬如在影视作品里，我们极少见到女性角色的大段独白，即使有女性主动讲述的部分，通常都被刻画为声泪俱下、歇斯底里的"非理性"场面，或是咬紧嘴唇、沉默不语、隐忍的无声画面，沦为剧情推进的背景板。事实上，通过和访谈对象的深度交流，我发现很多女性富有内省和思辨的能力，不仅能看到自己此时此刻身处的位置，也愿意尝试从个体的母职经验出发，站在身边人，比如丈夫、公婆、孩子、上司、同事等等的角度去思考，从而去梳理、面对并尝试着走出困境，哪怕是"西西弗斯"式的循环往复，都始终不会放弃。她们在一段关系中、一个家庭中，经年累月反复表达自己的需求，即便有时候看起来是抱怨、是愤怒，像一个阈值很低的高压锅——事实上都在表明她们渴望被看见、被重视，以及得到尊重和有效的支持。

家长里短的事在很多人看来更适合出现在八点档的电视剧里，并不值得被认真记录。这样的刻板印象影响着很多女性，她们好不容易鼓起勇气，预备开口讲述，却由于心理上的负担，又将话吞下，继续陷入纠结和失落，毕竟自己遇到的问题是那么琐碎、微小、不值得讨论，遑论得到理解和改变。在学术界也存在这样的观念，英国社会学家安·奥克利（Ann Oakley）在《看不见的女人：家庭事务社会学》(*The Sociology of Housework*)一书中曾指出，"在诸多社会学研究中，作为一个社会群体的女性，要么是隐匿不可见的，要么是表征不足的：她们往往以鬼魂、影子或是刻板印象等，这样的无实质形态存在。"[1] 这也构成了写作本书的初衷：希望每个女性都能够在愿意开口的时候，不会因为在意外界的评价而选择沉默。讲述她们为人母的经历，以及在此期间遇到的具体问题，让亲近的人和有相似困扰的陌生人听见，或许很难从本质上带来什么立竿见影的改变，却已然迈出了重要一步。

不论是讲述还是记录，都是为了摸索到更好的解决路径，而不是让很多女性在无数个深夜里，左手握住右手，劝自己"忍忍算了"。我始终记得，在一场三小时的访谈之后，一位受访女士如释重负的表情。我们在一个陈旧的咖啡馆里见面，初春的北京依然有些寒意，而室内暖气已经停了，只能靠不停地喝热茶来取暖。通过讲述，她理清了思绪，同时感到自己被抚慰。她告诉我，尽管成为母亲是一件比想象中艰难许多倍的事情，但她从不后悔。

---

[1] 〔英〕安·奥克利：《看不见的女人：家庭事务社会学》，汪丽译，南京大学出版社，2020年，第2页。

8

如果将母亲们进退两难的复杂处境放在不断变迁的社会大环境中分析，我们会发现她们的困境是具有普遍性的，而落在每一个个体身上，又是复杂而幽微的。像大海一样，尽管看起来都是一望无际的蔚蓝，若仔细聆听，每一片海浪打落在礁石上所激起的潮水声都不相同。本书记录了职场妈妈、单亲妈妈、全职妈妈、两代人共同育儿等不同育儿条件下的女性，之所以做出这些分类，无意为她们贴上标签，只是希望通过不同的育儿选择来探讨其背后的本质是什么，以及当抛开母亲的身份，她们渴望成为的那个自己究竟是谁。

这些年，"母职"成为一个被公众广泛讨论的话题，与此同时，社交媒体总是不停地指导妈妈们如何科学育儿，并通过"买买买"来解决生活上的难题，似乎这样就可以彻底解放妈妈们的劳动力，铲除很多妈妈们的焦虑。事实上真能如此吗？一个女性在生育后，依然保持年轻与美貌，秀发飞扬，身材苗条，展现"辣妈"的形象，就是爱自己、对自我最大、最完整的保留吗？披着消费主义的外衣，甩几个购物链接，就能解决妈妈们的所有问题了吗？从访谈对象的遭遇来看，答案恐怕是否定的。受过良好教育、在大城市有着一份稳定工作的女性，大都有着相对安定、资源丰富的育儿环境，看起来是某种程度的幸运儿，然而通过她们的日常困扰，我们依然可以发现，她们正在一条昏暗漫长的隧道里，辛苦地寻找出口。一个 10 岁孩子的母亲曾经这样向我形容：原本的自己是一个完整的球，有了孩子以后，要把另外一个人的生活包裹在这个球里面，要适应他挤占掉的空间，等慢慢适应以后，球已经凹陷了一块，再也恢复不到从前的形状了；而等到小孩有一天离开，她又要努力把这一块默默弹回去。妈妈们纷纷被训练成一个可以随时变换不同状态，以适应不同场景需求的"变形金刚"，事实上，凹陷下去的那一块或许是妈妈们长时间失去的部分自我，其中的内容包含职业发展、情感需求、休憩的个人空间等等。

找寻的脉络

与每位受访对象进行访谈最初的半小时到 40 分钟时间里，我都会尽量启发对方打开话匣子。如果约见的地点是在对方的工作场所，我会尝试这样切入提问："你最近手头在忙什么工作？"如果是在家中，我会先提出自己的好奇："平时和丈夫是怎样的育儿模式？"从对方熟悉、感兴趣的语境入手，开启话题，再循序渐进，有针对性地追问。我也时常提醒自己：不要抱着调查的心态去做访谈，她们是一个又一个具体而清晰的人，不是面目模糊、仅用代号记录的研究对象。我在心里和自己许下两个承诺：一是所有问题的提出不是为了证明心中已经预设的答案，而是耐心倾听，才能从中发现个体的具体困扰。比如，同样是离婚后独自抚养孩子的妈妈，有的处于离异后的过渡阶段，一时还踏不准新生活的步调，并对独自养育孩子心怀歉疚；有的则坦然面对，坚持认为婚姻的状态只是一种个人选择，独自抚养孩子并没有让做母亲这件事变得格外艰难。二是不带着陈旧的认知框架去提问，比如，身为职场女性，如何平衡好婚姻、家庭还有工作？你觉得当妈妈遇到了哪些困难和挑战？假使抛出这些问题多少带着一些旁观者式的"隔岸观火"，很可能只会得到一些听起来大而模糊的回答，而表象背后深层次的问题是真正值得去好奇、去探寻的。比如，成为母亲后，怎样重新安排个人时间？在育儿过程中是否明显感受到丈夫的支持？在妻子眼里，丈夫应该对家庭做出怎样的贡献？夫妻双方会按照怎样的分工来处理家庭事务？是否感到公平？有了孩子后，夫妻之间的权利关系是否产生了明显或是微妙的变化？

在很多人的观念里，一个女人天生就具备了所有当母亲的神圣技能，比如，听到婴儿的啼哭声，乳汁就开始充沛地分泌以喂饱幼小的孩子。而事实上，很少有女性会提前认识到，哺乳是一件辛苦的差事，在新生儿顺利衔乳，母亲第一次成功地喂奶之前，身体会经历意想不到的变化，包含疼痛、肿胀、皲裂等等，这是一个母亲和孩子都需要学习，不断调整，互相磨合适应的过程。在访谈中我发现，并不是所有女性都在婴儿诞生的一瞬间，便自然认定了"我是一个母亲"。每一位女性对"成为母亲"有明确意识的时间节点并不相同：有些是在很年轻时，甚至在未婚时，就强烈地认可自己会成为一个妈妈；有些是到了二胎的时候，才感到真正进入了妈妈的角色；也有人小心翼翼地说出，"如果可以再选择一次的话，我不会生两个孩子""很想试一试没有孩子的人生是什么样的""真的没想到生孩子以后，我的生活变化这么大"。这些听起来没有那么母爱四溢的表达，却真实地反映了女性的心境，并且折射出每位女性对于母亲身份认同的差异，也长期影响着她们在工作、社交、家庭中大大小小的选择和决定。

除了深度访谈，我还近距离观察和参与了部分家庭的日常生活，和他们一起晚餐，同其他家庭成员（特别是她们的丈夫）聊天，受邀参加她们孩子的生日聚会。在轻松的相处过程中，我会询问一些家庭事务中的琐碎问题，比如，谁半夜起来泡奶粉、换尿布？谁给孩子做辅食？谁做家务、收拾房间？平日陪伴孩子的主要任务是什么？孩子有了情绪波动，一般谁会先注意到？我们还会一起探讨职场女性在育儿—工作中遇到的问题：心目中理想的双职工夫妻相处模式是怎样的？选择退回家庭、照顾孩子的妈妈，如何安排个人的时间和需求？结婚前是否有讨论过家务的分工合作？大部分人都承认，婚前没有真正深入地讨论过。一些女性是带着传统性别分工的意识进入婚姻的，出现种种问题和矛盾后，才意识到需要做出改变。一些女性则把这些事情归为"鸡毛蒜皮"，不符合对浪漫爱情的想象，羞于提起，而日后发生家庭矛盾时，她们都曾有过孤立无援的时刻。

同时，我也深入访谈了多位丈夫，询问他们在育儿、家务上和妻子有着怎样具体的分工？成为父亲后，男性心理上会产生怎样的变化？是否会和女性一样遇到工作和家庭的选择问题？如果在育儿过程中，夫妻双方遇到分歧，会如何处理？通过交谈我发现，女性在工作和家庭之间劳碌操心的程度远远胜于她们的丈夫。因为其中的苦累体验更多，她们聊起一些具体问题时显得更加侃侃而谈，经常是感受和实例并举。无论从事何种工作的女性，即使家庭事务再牵扯精力，她们依然会让自己站在问题的靶心，主动成为家庭里那个"兜底的人"，而大部分的丈夫不会有这样的认知和主动的自我要求。时间长了，妻子会慢慢从希望得到丈夫的倾听、善解人意和力所能及的支持，逐步转变为"他只要不和我对着干，就谢谢了"。

有一次，当被问及如何进行家庭分工，一位受访男士不假思索，轻松地说道："哦，我太太肯定是比我擅长做这些事。"很多女性将家庭视为除工作以外的"第二战场"，一位孩子不满周岁的母亲告诉我，她每天下班后匆忙赶回家做饭、陪孩子，为了不落下工作的进度，等孩子入睡后再加会儿班，躺在床上时，已是筋疲力尽，坦言感觉就像是"一天打了三份工"。当男女双方都需要为工作忙碌，女性往往要为家庭奉献更多的时间和精力。随着职业女性的工作压力越来越大，她们越来越渴望丈夫们不仅能够理解自己，也能果断拿出行动来共同分担。而在访谈中我发现，那些愿意主动分担家务，并将育儿视为己任的男性，也和他们的妻子一样，常常感到自己面对着家庭和职业发展的两难，同时疲惫地处理着两边的各种要求。而当丈夫在家庭事务中不再隐形，开始体谅女性为人母后所经受的不易时，他们不再停留于传统"男主外，女主内"的刻板性别分工，而是看见了妻子的需求，并试图和女性一样做起"平衡术"——调整自己的工作节奏，以适应兼顾照料子女的需求。

一位受访男士告诉我，他不希望妻子放弃工作和自己喜欢的事情，只是做一个天天围着家务和孩子转的妈妈。还有一些男性明显察觉到妻子辗转在工作和育儿之间的疲惫，以及由此产生的焦虑和愤怒。他们认识到，如果只有女性在家庭中做出妥协和牺牲，对夫妻关系而言是不健康的。无论男性还是女性，每个人都渴望在家庭中享受被需要的感觉，由此汲取爱和温暖。这意味着，每个人都需要思考、重新分配个人时间的安排，在努力工作和陪伴家人之间找到平衡点。我在访谈中发现，有些女性在刚生产完的一年时间里，为了方便给婴儿喂奶和哄睡，主动和丈夫分房睡。一位受访男性表示，家里有了孩子以后，发现自己"被边缘化了"，感到一些和照料相关的事情或许天然不适合男性去投入参与——既然有男性如此表达心声，不如放手让他们大胆尝试，只有抛开根深蒂固的男女分工观念，女性才能卸去身上一道又一道的繁重任务。如今，一些男性观念的转变，正是中国家庭内部发生变革的具体体现，也是整个社会重新审视母职的意义所在——我们并不是将男性推向女性的对立面，而是认识到在家庭事务中共同分担、互相需要的重要性。每当多一位男性愿意和自己的妻子换位思考，就意味着多一个人可以帮助女性腾挪出一些思考的空间，近距离审视当下，在未来找到解决之道。

另外，我也访谈了一些上一辈的女性，她们离开家乡，迁居到子女所在的陌生城市，不是为了安享晚年，而是为了帮助下一代解决实际的育儿和家务问题。她们出于一片好心加入小辈的生活，却陷入前所未有的复杂心情。两代人在观念、生活习惯上的差异，不得不为代际育儿模式贴上"相爱相杀"的标签。他们彼此之间的爱有多深，羁绊就有多深，相伴而来的矛盾和冲突，亦浮现在两代人同一屋檐下的朝夕相处之中。这也让我思考，母职真的是一份可以被传承、无法推脱的工作吗？之所以有这样想当然的念头，是否因为在传统母职的规训下，女性常以爱为名义付出劳动？而现代女性在此基础上，仍不断给自己做"加法"，用母性的光环自我加压，不断扩大自己的能力半径，以至于发出"当妈越来越难"的感慨。这一切归根到底取决于我们如何定义"母性"。日本女性主义研究者上野千鹤子在讨论日本女性社会地位的《父权制与资本主义》中这样解释："'母性'是女性为了极力克制自我需求，通过引发自我献身和牺牲精神，将孩子的成长看作自己的幸福的一种机制。"[1] 其中，克制自我需求的内容包括：女性牺牲自己的时间、个人喜好，完全和孩子绑定在一起，形成一个共同体，而这样的绑定不仅仅存在于女性和自己的孩子之间，还在孙辈身上延续。

为本书进行调研时，无论男女，几乎所有的访谈对象都想在拥有一份工作的同时陪伴孩子，也想和伴侣共度一段美好、和谐的养育时光。我会问他们，如何实现呢？有一位受访女性告诉我，当妈妈的关键是，不要耗尽自己，借助所有可触及的资源，比如朋友、邻居、社区公共环境等等，来创造更广阔的育儿环境。一些妈妈相信，如果孩子的成长最终需要在社会中实现，那么越早不受限于家庭的私人环境，也就越早能帮助孩子和外部建立友好的连接。在访谈中我还发现，为人之母是很多女性社区参与的起点，"一起遛娃"使她们与社区中的邻里发生了更多深度的关联，比如，通过定期组织活动、学习资源共享等等，大人和孩子都重新发现了社区，在原本陌生而熟悉的环境中共同成长。尤其对于一些全职妈妈而言，她们更需要社区范

[1] ［日］上野千鹤子：《父权制与资本主义》，邹韵、薛梅译，浙江大学出版社，2020 年，第 32 页。

围内的支持与互助，帮助她们摆脱家庭生活的单调与狭隘，迈向宽阔、丰富的公共空间。

女性在踏入社会、职场、婚姻、母职后，更加系统地认识到性别背后的含义，不仅仅是生理上的差异，还有那些隐秘的选择和为之付出的真实代价。女性在家庭里，往往承担了大部分的无偿照料工作。每个人的一天都只有 24 小时，如果她们将时间更多花在了家庭事务上，那是否意味着她们天然地比男性少了向外探索、开辟新天地的机会？生活方式决定了看待世界的角度，如果女性的眼界使她们在种种取舍之间，更多倾向于和家庭产生深度连接，那是否意味着她们或主动或被动选择了一条主流所倡导的道路？如果女性想要为自己而活，不再理所当然地把家庭放在首要位置，那是否意味着她们会承担更多的世俗议论和评判？越来越多的女性在"女人即母亲"这句铿锵有力的论断之后，打下了一个问号。

随着访谈和写作的深入，我愈发感到，身为女性，我们已经在职场、家庭、各种人际关系和生活的缝隙里，进行了太多的自我反思，做出了太多看不见的选择。如果女性们依旧如此疲惫、如此困扰，是否意味着现有的解决方案并没有抵达内核？我们真正需要做的是踏入问题的本质，试着去寻找线索——在我们的价值体系里、我们的职业生涯设计里、我们的公共育儿制度里……从那里出发，也从女性们不被听见的声音开始，正是本书写作的起点。

第二章

生育：重塑的自我

中国的独生子女一代，在被抚养长大的过程中，很少深刻体会到性别间的差异。在我访谈的女性之中，有超过一半的人告诉我，曾经以为自己可以与男性在学业、事业上平起平坐地竞争；一直到结婚、生儿育女后才发现，两性之间存在的差异，不仅体现在职场的待遇，还体现在日常生活之中。

　　2021 年中国第四期妇女社会地位调查的数据显示，0—17 岁孩子的日常生活照料、作业辅导和接送主要由母亲承担的家庭分别占 76.1%、67.5% 和 63.6%，已婚女性每天家务劳动的时长也明显超过男性。[1] 我们常说，时间花在哪里，成效便在哪里。在这些数字背后，往往

_____

[1]《第四期中国妇女社会地位调查主要数据情况》，《妇女研究论丛》2022年第 1 期。

是一位位母亲长期在家庭中的付出，相伴而来的则是或隐或显的身份约束，而家务劳动的价值又常常为人们所轻视。

脐带从未在母体和婴孩之间真正消失，两者之间隐形的联结让女性成为母亲后，常常担心自己的一个行为、一个选择会直接或间接影响孩子的健康成长，并将其内化为自我的道德压力。凡是对孩子有益的，尽一切努力去做，凡是可能对孩子不利的，尽一切努力去消化、隔离和放下，哪怕需要自己忍耐不适和苦痛。母亲们要么被迫放弃曾经梦想追求过的人生，要么将自己训练成"三头六臂"，却依然感到分身乏术、顾此失彼。她们情不自禁地发问：为什么和爸爸们相比，留给妈妈们的人生选项看起来更少？是不是生孩子、喂奶、育儿这些事，将女人和男人从此引导向截然不同的两条道路上？

我们试着探寻这些问题的答案，重新思考过去不容置疑的认知。在女性幽微的心理变化中，在为人母的日常生活里，我们会看到她们的矛盾与自救。

"为什么他还是他，我就不一样了呢？"

韩冰就职于上海的一家医药公司，出生于 1980 年代末期，童年在豫南农村度过的她，仍记得老家村口用大红涂料刷在土墙上的一条醒目标语——"生男生女都一样"。这两年她回去探望亲人时，发现昔日的村庄发生了很大变化，大红色标语也早已不在了，可是那行字依然清晰地印刻在她的记忆里。作为独生子女一代，从小到大，父母都鼓励她，无论做什么，都可以和男孩一起竞争。韩冰从学校走到工作岗位，一路上都非常努力地去实现自己设定的人生目标。刚刚进入婚姻的时候，她也从未感到二人之间有任何人生发展方面的差异。

韩冰和丈夫相识于一次工作会议，双方投缘，迅速开启了以结婚为目的的交往。巧合的是，两人的成长背景也十分相似：18 岁时离开家乡小城去大城市念大学，毕业后通过企业的校园招聘来到上海就职，进入理想中的外企，起薪、职位相同。父亲都在小城市做生意，母亲从旁帮忙打理财务，管理各种琐碎事务。相似的成长背景，一定程度上，为他们在彼此欣赏喜爱之外，加上了一道现实的保障。韩冰开玩笑地和丈夫说过："我们还真是门当户对，势均力敌。"恋爱一年后，两人就顺理成章地进入婚姻。

婚后，韩冰总是尽力把自己和上一辈那种旧式、传统的"妻子"区分开来。她坚持认为，妻子的身份并不意味着需要顺从另一半，家里的大小事情应该由两人商量做出决定，家务也应该分担完成，而不是默认为妻子一个人的工作，她坦言：

> 刚结婚的时候，我老公可能还是受了老一辈的影响，对老婆应该怎样怎样做还带着固定思维，比如说，要多承担一些家务，包下采购、做饭、打扫的活儿。我直接和他说：你不要对我有这种期待，我比较粗糙，不怎么会干家务。他在生活上是更细致的，做家务也比我更擅长，小时候，他父母在外地做生意，逼着他很小就会自己做饭了，是能烧三菜一汤的那种水平。
>
> 我们结婚后，基本上是他做饭，我洗碗，每周找

一天一起打扫卫生。我工作忙，顾不过来的时候，他会抱怨几句，慢慢地，他也能接受大家一起干活的模式。

韩冰做妈妈的过程也相当顺理成章，那一年她29岁，"家里的长辈催我们生个娃，我也没有想太多，觉得反正结婚就是要生孩子的，生就生吧"。她有信心生完孩子后继续上班，并不觉得有了孩子就会对自己的工作产生影响。怀孕期间，她几乎没有孕吐等不适反应，保持着和平日一样的节奏，挺着大肚子开会、加班，直到生产前一周才放下工作，回家待产。

女儿在一个春天的早晨出生，顺产。韩冰的第一感受是："很神奇，女人竟然能有这样的能力。"生产完的当天夜里，护士把孩子抱过来说："来吧，你需要开乳，宝宝就是你最好的开乳师。"她原本以为是温馨、充满爱的一个动作，完全没有料到女儿像一只小老虎一样狠狠地咬着她的乳头，吸上来的第一口，疼得她忍不住尖叫起来。折腾了半小时后，在护士的指导下，女儿才终于顺利吸上了初乳。韩冰和丈夫第一次尝试着给婴儿换尿布，轻轻擦洗柔软娇嫩的身体……笨手笨脚地完成了一整套流程，女儿饱足后酣睡的样子，给了她极大的信心：照顾小孩似乎没有那么困难。

从医院回家后，韩冰的考验才真正来临。第一道坎是很多新手妈妈都会遇到的——哺乳。不管是医生、身边的朋友还是媒体上的育儿视频，反复给她灌输的观念都是：母乳百利而无一害，再好的奶粉也比不上母乳所含的丰富营养；母乳一定要坚持亲喂，不仅有利于培养母婴之间的感情，还方便随时随地满足小婴儿饥饿或是奶睡的需求。全球育儿畅销书《西尔斯亲密育儿百科》(*The Sears Baby Book*)更是把单纯的哺乳喂养行为上升为母亲的义务，视哺乳为亲密育儿的一种象征，它可以让母亲和婴儿的关系更紧密，能够让妈妈更加直观地知晓并且及时回应宝宝发出的信号[1]。在孩子还未正式来到之前，韩冰对这一套理念深深认同，并且信心满满地认定，其他妈妈能做到的自己也一定可以。没想到，女儿的"不配合"给她上了现实一课：

---

[1] ［美］威廉·西尔斯等：《西尔斯亲密育儿百科》，邵艳美等译，南海出版公司，2009年。

一开始小孩每隔一两个小时喝一次奶，感觉是不停地吸。我的乳头破了皮，流血结痂后，过了几天又再破皮流血……这些我都忍了，反正大多数妈妈都得经历。让我抓狂的是，出了月子以后，我女儿就不肯吸我的奶了，不管怎么样都亲喂不成，她吸一会儿就没耐心了，宁可饿着都死活不吸。我改成用吸奶器后，新问题来了：我睡不好或者累了，奶（量）就会变少，（女儿）没吃饱就会哇哇哭，分量都变轻了。我就很焦虑，觉得自己明明有这个器官，却没办法满足（女儿的）需求。看到那些能存很多袋奶的妈妈，发在朋友圈里，我就很羡慕。

喂奶这件事就是每天不管怎么样都得完成的工作，还永远有一个期限，每隔两三个小时，必须要从我身体里抽出 180 毫升的奶来。如果没有那么多，我就会很沮丧，觉得自己好像是只吃草、不做工的奶牛，不是一个好妈妈。

什么时候给孩子断奶这件事，我也纠结过。女儿一天天地长大，我的产量慢慢跟不上需求，她长期处在一种"将够吃不够吃"的状态里，让我更焦虑了。

对母乳喂养的狂热以及焦虑如影随形地陪伴了韩冰五个多月的日日夜夜。当女儿不肯吸奶，她买来一个电动吸奶器，每次泵完两侧乳房的奶要花上30分钟，吸奶器使用过后，每个部件都要清洗、消毒，以避免母乳残留在管子和缝隙里。泵出的奶会放在专门的一次性母乳储存袋里，她会在上面细心地贴上标签，记录好时间，放入冰箱冷藏，以保证新鲜度。一般白天的十来个小时里需要吸奶3—4次。为了防止堵奶，每天半夜她也会起身，把上面的流程再走一遍，吸奶器"嘟嘟"的声音，提醒着充满困意的她：你身体的某个部位正在为一个嗷嗷待哺的幼小生命工作，你是她目前最需要的人。随着女儿长大，胃口越来越好，韩冰的母乳"产量"实在跟不上女儿日益增长的高需求后，她才从每时每刻为母乳而努力的幻想中醒来，开始了奶粉喂养。她庆幸女儿除了刚开始有一些皮肤过敏之外没什么异样，否则可能会为之深感自责，毕竟她曾经设想母乳喂养至少要持续一年以上。母乳喂养的不顺利让她褪去了初为人母时的一些天真，仅这一项工作就证明做一个"好妈妈"不容易。

产假结束后，韩冰如期返回公司上班。她身边有几位朋友为了能在孩子3岁以前给予足够的陪伴和照料，辞职成为全职妈妈。韩冰从未考虑过这个选项，只是在原先的工作轨道上做了一些小小的调整——怀孕前，她几乎每天加班到晚上9点以后。当妈后，为了照料女儿，她和上司商量调整成每天傍晚7点前下班，到家快速吃好晚饭，度过短暂的亲子时光，哄睡女儿后，再处理两小时工作，上床睡觉的时间一般都在12点之后。把时间调整成更符合孩子需求的作息，看似完美兼顾了工作和育儿，然而连轴转的节奏让她倍感疲劳，心里也盘桓着多重困惑——职场女性成为母亲后应该怎么做才是正确的？陪女儿时间少了，应该感到愧疚吗？是不是得把工作放一放，优先做一个好妈妈？在访谈中，她向我坦白了自己内心的左右互搏：

> 工作了一天没有见到女儿，我会尽量早一点回家陪她。有时候为了陪女儿，工作安排不过来，我又会忍不住想：做了妈妈，是不是真的就很难把工作做好。有时候自己想放松一下，和朋友见个面吃个饭什么的，也会内疚地想着是不是应该早点回去，毕竟婆婆或者我妈妈在家帮忙带娃，总不能让她们太辛苦。

女儿 6 个多月的时候，也就是 2020 年春节期间，新冠疫情开始了，当时气氛还挺紧张的，为了帮我们带孩子，我爸特意从老家坐火车赶过来……有一段时间，家里挺混乱的，我甚至想过，为什么自己偏偏在那时候生了个孩子。但我观察了一下我老公，他完全没有这些念头。

比起丈夫，韩冰第一次清晰地意识到，成为母亲后，自己心里陡然有了难以言说的包袱。在社会对于母性的幻想中，到了某个阶段，女性当妈妈的强烈渴望就会被唤醒，照料孩子的责任和能力更是天然铭刻在一个女人身体里，更近乎一种本能，无需刻意习得，甚至还附加了一些相配套的品质，比如隐忍、自我牺牲、愿意做一些重复的家庭琐事……一旦做不到、做不好，初为人母的女性可能会陷入"为什么别的妈妈可以，我不行"的自我怀疑之中；而在拥有多年的母性经验后，又会发现自己始终生活在他人的节奏里——满足孩子不同年龄阶段的需求、配合丈夫的事业发展，那时或许会陷入另一维度的自我怀疑中：这一切是否值得？英国作家蕾切尔·卡斯克（Rachel Cusk）在

《成为母亲》(*On Becoming a Mother*)中真实展现了怀孕、生产、养育的整个过程，用自述的口吻讲述了作为新手妈妈的焦虑和困惑。她在书里这样写：

> 孩子的出生将女人和男人区分开来，也将女人和女人区分开来，于是女性对于存在的意义的理解发生了巨变。她体内存在另一个人，孩子出生后便受她的意识所管辖。孩子在身边时，她做不了自己；孩子不在时她也做不了自己。于是，不管孩子在不在身边，你都觉得很困难。一旦发现这一点，你就会觉得自己的生活陷入矛盾之中、无法挽回，或是陷入某种神秘的圈套，你被困在其中，只能不停地做无用的挣扎。[1]

自从生命里多了一个小孩，韩冰感到自己不明就里地陷入了类似的某种神秘的圈套，做任何一个决定之前，她都会加一些前提：这样或者那样做，是不是一个好妈妈？我是不是太自私了，没有考虑小孩的感受？反观身旁的丈

---

[1] ［英］蕾切尔·卡斯克：《成为母亲：一名知识女性的自白》，黄建树译，上海人民出版社，2019年，第146页。

夫，似乎丝毫没有受到角色转变的困扰，只有自己进入了挥之不去的多重矛盾里。生孩子之前，身为独生女的她，身处的家庭环境和所接受的教育，都让她自信可以在学习和工作上做到同一个男性没有任何区别；在亲密关系里，她也一直认为和丈夫是平等相待的。一切的变化都发生在她成为母亲以后。她不再是她，是另一个被重组的人，不得不放弃、打碎一部分旧有的自我，才能和外界的轨道重新取得连接。她曾反复地问自己："为什么他还是他，我就不一样了呢？"当认识到这个事实时，她感到自己仿佛登上了一列火车，从车窗望出去，能看到之前走过的道路，却很难再下车回头、与之相交，只能默默地接受渐行渐远的命运，任由这列火车开向满是山丘的陌生远方。

"尽量做一个快乐的妈妈"

女儿的出生，对韩冰和她丈夫的事业的影响非常两极化。成为父亲后，丈夫变本加厉地将工作赚钱放在人生首位，而她则默默调整了人生的序列，逐渐将重心转移到小孩身上，尤其是当工作—育儿两者出现冲突时，她内心的天平自然而然地优先向照顾小孩倾斜。因为自觉是自己把孩子带到这个世界上，她开始下意识地认为，没人可以替代母亲照料婴儿的角色。从喂奶到添加辅食，从女儿学会爬行到晃晃悠悠地踏出第一步，每一步她都亲力亲为，好像这样做才符合大家对一个"好妈妈"的期待。而孩子的爸爸则好像从来没有受到任何"好父亲"身份的规范，从不在忙碌工作和陪伴小孩之间纠结。

以色列社会学者奥娜·多纳特（Orna Donath）在五年多时间里做了一项调查研究，追溯记录 20 多位"后悔成为母亲"的女性，她们有的感到母职是一份循环、永久得不到休息的工作，有的因为母亲的身份，感到自己对生活失去了主宰的能力，多纳特将这些与众不同的声音写成《成为母亲的选择》（*Regretting Motherhood*）一书，并在其中指出，"虽然男性和女性都努力在时间夹缝中求生，但母亲通常是那个把时间留给孩子的人。从这个层面来看，父亲的缺席会帮忙建立起母亲持续抚慰孩子的印象，母亲几乎没什么暂离或休息的可能性，而大多数的父亲则可以钻空溜走。"[1] 孩子出生后，韩冰夫妻的生活轨迹也出现了与此相似的巨大差异，韩冰忍不住显露出隐隐的担忧：

> 一个男的做了爸爸，他会觉得：我要更好地发展事业，才能照顾好小家庭，给我的小孩更多的机会和可能性。就算孩子陪少了，也不会有很多纠结，他觉得只要有固定时间陪一会儿，就已经很 OK 了。对于一个妈妈来说，有了小孩后，就是在原有的工作之上又加了一项工作。
>
> 除了工作，我就是在家里带娃，从天亮到天黑，好像一天什么都没干，就嗖的一下过去了。照顾宝宝的工作，很多时候都是体现在吃喝拉撒上，你想邀功说出来，好像都没有什么价值。
>
> 我有时候会设想一个场景，20 年后，老公功成名就，小孩会觉得：我爸爸真牛，给了我很多资源很多钱，我妈妈照顾了我 20 年，就是烧烧饭之类的，这有什么呢。

---

[1] ［以色列］奥娜·多纳特：《成为母亲的选择》，林佑柔译，北京联合出版公司，2022 年，第 146 页。

韩冰内心深处充满了矛盾：她想成为一个好妈妈，却又时常承受着由此带来的困扰。育儿过程中，"我搞不定这个小人儿"的无助念头常常冒出来，每到此时，她都期待另一半能主动投入、一起分担，却等不来积极的响应。比如，刚添加辅食的时候不顺利，女儿把食物当成玩具，丢得到处都是，饿过了饭点又会大哭。每次碰到这类事情，孩子爸爸的第一反应不是弯下腰来一起解决问题，而是不耐烦地逃离，出门运动，只留下韩冰来面对，仿佛这些工作天然是属于妈妈的。

　　韩冰和丈夫之间终于爆发了前所未有的激烈争吵，他们互相指责——丈夫坚持认为自己赚钱养家已经很辛苦，回到家只希望能享受到家庭的温暖、和乐；而这一点恰恰让韩冰感到不公平，论工作赚钱，她的收入并不比丈夫低，凭什么育儿的绝大部分工作都由她一个人来承担？这一次争吵，二人之间隐藏的分歧显露出来，待冷静下来后，丈夫表示自己在未来会多分担育儿的工作，鼓励她也可以出门运动，见朋友，做想做的事情。宣泄出积压已久的不满后，无论丈夫未来是否会增加育儿的参与度，韩冰都决定首先扭转自己的观念——生孩子、养孩子，本就应该得到家庭的支持，把所有事都几乎压在妈妈一个人身上是行不通的，也是不公平的。

孩子在成长过程中，不仅需要妈妈，也需要爸爸的教育和陪伴。而现实是，女人一旦成为母亲，就只能将自己的领地范围缩小，限制在整个家庭领域。和男性比起来，女性天生更在意人与人之间的连接，浸入母亲的角色后，更容易感受到数不清的"应该"，将自我让渡出去。比如，我"应该"母乳喂养，给孩子提供纯天然的营养，建立爱的亲密连接；我"应该"每时每刻把宝宝照顾到最好，给她创造最好的养育条件；我"应该"把工作和照顾宝宝平衡好，成为一个内外兼修的好妈妈；我"应该"牺牲个人休息娱乐的时间，生活围绕着孩子转，将孩子的需求排在第一位……这些"应该"已然成了沉重的包袱，让妈妈们别无选择，不堪重负，把自己的需求排到第二、第三、第四位。母职成为一份没有终点、没有休息、不领薪水的工作，让女性忘记了做母亲之前看到的风景，也忘记了自己除了是"某某妈妈"之外，还可以是谁，还能够成为谁。

经过和丈夫的几次争吵后，韩冰学会了一件事：把诸多的"应该"放在一旁，尽量像做妈妈之前一样，作为一个独立的个体活着，大胆向外开放和探索，而不仅是作为谁的母亲。她希望女儿长大后可以在她身上看见，作为一名女性能够拥有众多可能性。她从未如此深刻地意识到，成为一个完美母亲的幻想，可能无形中为自己的道路增添了阻碍：

> 后来我发现，给自己加那么多"好妈妈"的戏份，其实挺可笑的。我学会了一件事情，就是抓好自己，（把自己）看得更重要一点，比如多学点东西，和孩子爸爸一样，也多投入一些在事业发展、进步上，而不都是围绕着女儿转……我慢慢劝自己想开一点，尽量做一个快乐的妈妈，给女儿做个好榜样吧。

长久以来，无论是大众媒体还是影视作品中，在任何场景里，母亲的形象总是完美的——保持微笑、温柔慈爱、善解人意，做一份不那么忙碌、时间灵活的工作，以方便照顾孩子，或是以家庭为由，辞去工作，经年累月，像一个陀螺般全身心付出。成为母亲之前，女性很少会知道夹在自我、孩子和丈夫之间，将付出怎样艰难的代价；也很少会被告知，开始履行母职后，有哪些限制是很难摆脱的……在多种身份的夹击之下，很少有人会站出来鼓励一个母亲：你不用总是看起来富有耐心、温和有礼；你有权利表达出失望、苦闷、沮丧、愤怒；你可以放下对自己的苛责和对家人的愧疚；比起做一个完美的母亲，你更需要想一想自己真正需要什么。生育将女人和男人区分开来，很多女性渴望在婚姻生活和育儿过程中与男性相对平等地兼顾有偿工作、照顾家庭和自我空间，而在这条道路上，她们不仅需要信心、安全感，还需要家人、朋友和社会文化的支持。

母乳喂养便是一个很好的例证。不论是医生、专家、媒体，还是家中的长辈和伴侣，都会堂而皇之地说，"每个妈妈都应该给孩子哺乳"。恰如加拿大社会学者考特妮·琼格（Courtney Jung）在《母乳主义》（*Lactivism*）一书中提到的，"在过去的 20 多年里，人们赋予母乳喂养的健康益处越来越多，真是让人数不胜数。据说，母乳有如下功效：降低患各种疾病的概率，包括耳部感染、胃肠道感染、下呼吸道感染、坏死小肠结肠炎、高血压、肥胖、心血管疾病、糖尿病、哮喘、过敏、癌症、乳糜泻、克罗恩病、湿疹，降低婴儿死亡率和婴儿猝死综合征的发生率，增长智力，稳定情绪，等等。"而事实上，琼格在走访了世界著名母乳喂养研究者后揭露出一个意料之外的真相，即"母乳喂养有一定效果，但它的效果并没有大到能决定人生的程度"。[1] 的确，很多时候，我们将一些多年的"养育共识"拔高至可以决定孩子人生的程度，而背负这一切的往往是女性。她们被期待为此付出自己 120 分的责任和精力，被供在家庭奉献的光环中。当她们回过神来试图挣脱、改变的时候，便是重塑自我的开始。

"离开了主流的生活"

琪琪 31 岁那年如愿成了一个小男孩的母亲。在她的规划里，30 岁，是一个女性相对成熟的年纪，职业发展有了一定的基础，同时也有了一些积蓄可以抚养孩子，不论是在心理上还是经济上，都到了一个稳定、有富余的阶

---

[1] ［加拿大］考特妮·琼格：《母乳主义：母乳喂养的兴起和被忽视的女性选择》，张英杰译，广东人民出版社，2022 年，第 78—79、80 页。

段——这和她的丈夫不谋而合，小孩的到来，是夫妻俩意料之中的欣喜。刚怀孕时，她就半开玩笑半敲警钟地和丈夫说："你可别让我到时候'丧偶式育儿'。"她记得当时得到了丈夫一个拍胸脯式的笃定回答："我肯定全力以赴！"

怀孕期间，她关注了好几个儿科医生的社交媒体账号。奶粉、衣服、婴儿推车……每一项她都向身边已经做妈妈的朋友们请教经验，做了详细的功课，并在反复对比价格后，才从购物软件——下单，或是去商场仔细挑选。由于丈夫那段时间工作忙碌，常常需要出差，她基本都是靠自己和母亲的协助，像一只将要冬眠的松鼠把松果一个接着一个搬回家一样，完成了所有婴儿用品的采买工作。第一次做妈妈，她做好万足的准备，除了必需品之外，还特地买了全套家庭育儿书，一边阅读一边划重点，再贴上不同颜色的标签。潜意识里，她希望自己是一个全能的知识型妈妈，对小宝宝的所有状况都能了如指掌。她期待自己可以变成一个有求必应的"哺乳动物"，像电视里那样，一手抱孩子一手敲电脑，而丈夫也能摇身一变成为超级奶爸，帮着有条不紊地照料婴儿。

现实很快告诉她，育儿是一个庞大又复杂的工程，而且很多时候，意想不到的限制和变数更是让她无能为力。由于分娩时过于用力，她腰部下方和尾椎附近剧烈疼痛，儿子出生后，这种疼痛感不分白天黑夜地折磨着她，刚生产完的半个月她几乎不能坐在椅子上，坐下不超过两分钟，就疼到马上从椅子上弹起来。她第一次知道何为字面意思的"如坐针毡"，全天大部分时候都只能侧躺在床上，翻身也需要小心翼翼。幸好，有月嫂帮忙把孩子抱来喂奶，她一边学着熟悉这份全新的工作，一边努力克服生理上的疼痛，让自己尽快调整好状态，全力以赴地"上岗"。

直到大约三周之后，腰部和尾椎的钻心疼痛感才慢慢缓解。她终于能够安稳地坐在椅子上，靠着椅背，从容地把她的小人儿抱在怀里，低下头看着那饱满的、还没有褪去黄疸的小脸蛋：细细长长的睫毛，用力吮吸着的小嘴，喝饱后轻轻呼吸的样子……那一刻，身边的一切，连带着她自己，都仿佛散发出一层隽永、宁静的光晕。与此同时，琪琪的世界发生了翻天覆地的变化，那里不再有黑白灰色的套装、尖头高跟鞋、精致妆容，忙碌穿梭其间的林立的写字楼和拥挤的地铁；取而代之的是，婴儿身上的奶香味，接受和适应各种难以言喻的生理变化——松弛的肚皮，一条又一条深深浅浅、难以褪去的妊娠纹，持续隐隐作痛的尾椎骨，打喷嚏稍用力时的漏尿……从来没有人告诉她，分娩之后的身体会经历如此损耗，剧烈的程度简直堪比一栋建筑被推倒重建。或许正是这种被打碎重来的体验，让她更能感受到婴儿和自己之间的深度连接——她是他的全部。

她坐月子期间在读奥地利精神病学家阿尔弗雷德·阿德勒（Alfred Adler）的《自卑与超越》（*What Life Should Mean to You*），至今都能记得书中的一段内容："在好几个月里，母亲在他的生命中扮演着几乎唯一的角色，他基本上完全要靠她。合作能力就是在这种情况下发展起来的。母亲是婴儿接触的第一个他人，他感兴趣的第一个他人，她是孩子通向社会生活的第一道桥梁。"[1] 这段话给了那时候的琪琪极大的影响，她也想用自己的心力铸成那第一道桥梁——宝宝每晚醒来两到三次，她像一个训练有素的士兵，听到一点轻微的声响，立刻坐起，熟练地喂奶，拍嗝，换尿布，哄睡，再轻轻放下。深夜里的儿子仿佛是个来到

---

[1] ［奥地利］阿尔弗雷德·阿德勒：《自卑与超越》，马晓佳译，民主建设出版社，2017年，第102页。

人间寻觅食物和安慰的小精灵，他和她之间全凭眼神的默契和简单的"嗯嗯、啊啊、哼哼"来完成沟通，她是唯一可以带给他满足和爱的人类。

由于夫妻双方的父母都在工作，还没有到退休的年纪，没办法像很多城市里的三代同堂之家帮忙照看孩子，月嫂走后，产假中的琪琪决定挑战独自带娃。作为每天和孩子待在一起时间最长的人，她的一天24小时被划分成很多小块，几乎每时每刻都围绕着儿子的吃喝拉撒转，琐碎而漫长，可有时候时间又好像过得特别快，还来不及看几页书，和朋友聊聊天，一天就倏忽一下溜走了。她花了几个月的时间，终于辨认清楚了婴儿不同哭声的含义。只要哭声响起，无论是在白天还是黑天，脑子里的警报声就嗡地一声响起来，她马上用几秒钟的时间判断接下来是喂奶、换尿布，还是陪玩逗乐，保证孩子的一切顺畅进行。面对婴儿的哭声，她本来计划采取育儿书上的做法，但后来意识到，那样做似乎让自己脱离了母性的本能：

> 育儿书上说，听到宝宝哭了不用马上抱起来，不然以后宝宝一有需求就要被满足，会很娇气。但对新

手妈妈来说这挺难做到的，只有先满足了宝宝，摸清了脾气和作息后，才能稍微放松一些，不然总是会想，是不是错过了什么。等他下次再哭起来，又会怀疑是不是因为自己（之前）疏忽了什么，所以他又闹了。

哭是宝宝唯一的表达方式，再说这么小的孩子哭总是有理由的。我有一次狠狠心，让他在房间里哭了半小时，结果他一点都没有要停（的意思），反而越哭越响，我后来还是忍不住进去抱了起来……

尽管先前翻了很多育儿书籍，在具体的实践中，琪琪还是决定尊重孩子的行为习惯和意愿。她发现，如果坚持完全照着书本养，只会徒增自己的焦虑，"每个孩子都是不一样的，不是吗？"在经过和小孩日夜"交战"后，她终于从他不同时间、不同音量的哭声中，获取了一套解读婴儿的专属密码，这让琪琪极富成就感和信心。然而，做母亲的感受远远比纯粹的喜悦和满足要复杂得多。琪琪的丈夫工作忙碌，经常出差，一个月里在家的时间大概只有四五天。面对时常不在家的孩子爸爸，她除了接受，别无他法。

孩子出生以后，她好像和外界失去了一些连接，孩子永远是阻拦她出门的必要且首要的理由。起初，同事、朋友们纷纷来探望她，和她分享生命中的喜悦。很快，大家又都回到各自忙碌的工作和生活里去，似乎只有她，看起来是将人生向前推进了很大一步，可又仿佛被一股神秘力量拖到一个墙角里，杵在边缘地带，动弹不得。母亲的身份让她心甘情愿地付出时间和精力，和过往生活的落差却也犹如干涸的枯水期，露出难堪的河床：

> 生完小孩四五个月的时候，我其实一度挺失落的，心态有点失衡。
>
> 有一次我老公从外地出差回来，然后他父母也来家里看小孩，我老公就一直在他父母面前说，最近工作上做了什么很厉害的事情，一副很有成就感、让他父母很骄傲的样子。当时我觉得突然之间和他好像相隔很远，他在一直往前走，我自己就好像离开了主流的生活，到了一个边缘的地方，每天就是对着小孩，喂奶，换尿布，然后一个月、两个月地算着小孩长大……

琪琪没有和任何人袒露过内心的失落，她自以为那只是产后身体激素水平下降作祟，过一阵会自行恢复。产假结束后，恰逢公司进行组织架构调整，如果这时候她返回工作岗位，会比从前更为繁忙，同时，丈夫的工作不会为之暂停。这将让他们没办法给予孩子周全的照顾和陪伴，只能找一位住家保姆来帮忙。而当时孩子已经到了认生的阶段，看到陌生人常常会哇哇大哭好一阵，琪琪内心实在万般不舍把孩子交给其他人照看，"就像是把宝宝随便扔给了一个人，很不负责任的感觉"。在那个节点上，她感到似乎没有第二条路可走，只有亲自"驻扎"在家庭里，陪伴在宝宝身边。和丈夫商量后，她决定先停薪留职，等孩子长大一些后再回归职场。尽管她和韩冰做出了不一样的决定，背后却有着相似的困惑，"到底应该做一个怎样的妈妈？"陪伴在孩子身边，意味着不得不让渡出很大一部分自我，从公共领域、职场中退回私人的领地、家庭的小环境里；离开孩子，又担心和那一片尚且稚嫩的岛屿失去安全而可靠的连接，唯恐望不到边际的海水淹没了自己。

　　琪琪从未和丈夫讲过自己进退两难的挣扎。她把孩子照顾得很好，每次抱出门的时候，都会得到类似这样的夸奖：宝宝白白胖胖，养得真好。身边有朋友怀孕生产，都会向她咨询经验。然而，做母亲的成就感不足以替代她作为一个独立个体的价值感，或者说，这两者本就需要两套系统来支持，它们的理想状态是可以并肩同行，并非一定要做出取舍。另一件让琪琪内心焦灼的事情是，孩子的出现将她和丈夫推入截然不同的境遇中，她曾经觉得和丈夫如同朋友般相处，总是并肩同行，也有聊不完的话，现在却是"眼看着你的朋友一直往前走，自己却只能待在原地"。回忆起那段时间，是他们在心理上最为遥远的阶段，总是没办法达成双向的沟通：

有孩子以后的一年多时间里，我内心有点分裂。每天一边觉得小孩怎么那么可爱，会爬了，会站了，会叫妈妈了，哎呀，我真是何德何能，真是太幸运了；一边又会觉得失落，担心自己和社会失联了，焦虑自己再出去工作时，跟不上大家的节奏了。

那时候我老公倒是经常鼓励我，夸我把孩子照顾得很好之类，但没有什么帮助。反而他越是赞美，我心里越是生气，倒像是帮他推卸掉了很多（带孩子）

的工作。那段时间，我们很少交流除了孩子以外的事情，我找他聊聊天，说说心里的想法，但也聊不出什么名堂来，总感觉是鸡同鸭讲。他觉得孩子那么可爱，把他带好就行，为什么要有这么多的苦恼。

自从全职照顾儿子之后，琪琪的活动半径不再超过家附近的超市、游乐场、亲子餐厅等所有和孩子有关的场所。已经很久没有人唤起她的本名，不知道从什么时候开始，别人一叫"欣欣妈妈"，她就会条件反射地微笑、打招呼，聊天话题通常都围绕着孩子的饮食起居、早教开发……她从过去的身份中脱嵌出来，进入一个完全不同的角色中，努力让自己的一切看起来都符合母亲这个身份应该具备的特质和条件。

上野千鹤子在《父权制与资本主义》一书里曾指出："女性只要赋予'爱'以无上价值，她们付出的劳动就很容易被'家人的理解'、'丈夫的慰劳'等说辞所回报。女性是供给'爱'的专家，也是总在爱的关系中单方面付出的一方。"[1] 作为供给"爱"的专家，琪琪就这样以"爱"为

---

[1] 上野千鹤子：《父权制与资本主义》，第32页。

名陪伴儿子一天天长大，丈夫则依旧忙碌于工作，不是在出差就是奔波在出差的路途中，每个月在家的时间依然有限。然而，在丈夫看来，自己对育儿的参与程度还不错，只要待在家里，还是能够有所贡献，并不是传说中的"父爱如山，一动不动"——他会陪着儿子在小区里玩滑梯，只是20分钟后儿子就会哭着找妈妈；他会在睡前给儿子读上两三本绘本，只是最终哄睡、陪睡的任务还是落在妈妈的身上；遇上儿子生病，他着急得手足无措，但起夜无数次，给儿子喂水、吃药、量体温、盖被子的还是妈妈……在琪琪眼里，孩子爸爸的所有育儿行为都更像是"搭把手"，"顺便帮个忙"，"工作累了，和娃玩一玩，调剂一下"，从付出的时长和程度来说，都很难称得上是在和她共同育儿。

而琪琪的丈夫却认为，遇到孩子的具体问题时，妻子比自己更有办法解决。在他的认知里，女性天然更擅长在生活上照顾孩子。关于琪琪的工作和职业发展，他认为不急于一时，"孩子还小，我老婆能把他带好，就已经很厉害了"。显然，他将抚育幼小的孩子看作母亲头等重要的事情，暂时把职业发展放在一旁是可以理解的，并且是一种普遍的安排——"很多女的生了孩子都这样，家里靠男的努力多赚点钱吧"。问到琪琪未来何时能回归之前的职场轨道，他有信心，但并不能完全确定，只是模糊地说了一句："她应该可以的。"听到丈夫这番观点后，琪琪的感受是复杂的：

> 育儿这件事不存在谁比谁更擅长，做得多了，自然就会得多，除了喂奶以外，女人能做的，男人其实也都可以做。

我们将母性看作女性与生俱来的本能、女性身体里的一部分，由此也将女性推入了种种不容商榷的义务工作中。毕业于哈佛大学的美国作家艾德丽安·里奇（Adrienne Rich），21 岁时就出版了受评论家美誉的诗集。1950 年代，她 24 岁时，顺应当时以家庭为中心的社会价值观，和一位经济学者结婚，成了一名母亲。当妈妈后的 10 年时间里，她没有再出版过具有影响力的作品，在忙于照顾孩子、局限于种种家庭琐事的阶段里，甚至完全停止了她热爱的写作。直到 47 岁时，她写出了《女人所生》（*Of Woman*

Born）一书，并在其中犀利地指出："作为母亲，女人是善良的、纯洁的、神圣的、无性的、滋养的，母性身体的潜力——由于流血和神秘的同一个身体——是她独一无二的命运和生命正当存在的理由。"[1]

孩子逐渐长大，琪琪的生活却再也回不到从前，她所面临的境遇像是一块难以化开的薄荷夹心硬糖，顽固地待在嘴里，直到包裹在外的甜味一层层融化，一股透彻的清凉直冲鼻腔，让她清醒。母职已然深度绑架了部分的自我，将她牢牢束缚在重复的生活里：打扫卫生，准备一日三餐以及宝宝的辅食，推宝宝去家附近的公园，等待丈夫回家……她认真思考养育儿女的意义：

> 作为一个妈妈，我的价值是牺牲自己，去陪伴小孩吗？我也想要有自己的生活、工作啊！

在艾德丽安·里奇的眼中，"传统的母性思想要求女人的天性，而不是智慧；要求忘却自我，而不是自我意识；

---

[1] ［美］艾德丽安·里奇：《女人所生：作为体验与成规的母性》，毛路、毛喻原译，重庆出版社，2008年，第24页。

要求依靠他人，而不是创造自我"[1]。全然奉献的母爱并不适用于现代女性，一个母亲能做的事情，不仅仅是一个勇敢的生育决定，而是拒绝成为一个牺牲者，从扩展自我的生活内容开始起步。

琪琪和家人商量后，下定决心将 2 岁的儿子送去家附近的托育园，周一到周五，早上 9 点送去，傍晚 5 点接回家。告别全职母亲的生活，琪琪又回到了怀孕之前的公司工作，看到曾经同级别的同龄男同事已经升职为她所在部门的领导，她心情复杂——回归职场让她终于可以喘口气，新的人生阶段刚刚开始迈步，她尚不清楚是否向前进了一步，但能确定自己没有怯懦。

---

[1] 艾德丽安·里奇：《女人所生》，第 37 页。

第三章
永不下班的职场妈妈

"如果你没有生第二个的话，很大可能会先提拔你"

宋晴是两个孩子的妈妈。

因为工作关系，她和先生两人分别在两个城市。母亲和她一起在上海带着两个小孩生活。先生大约每隔两周从外地回上海探望一次，每次逗留时间不超过三天，通常是周五下班后飞到家已经深夜，周日晚上或是周一的早班机再飞回去。这样的生活开始于宋晴怀孕前，至今已持续了五年多时间。宋晴在生完大女儿之后，不到一年的时间，又有了小儿子。刚生完女儿时她就已经决定，产假一结束立刻返回工作岗位，不想赋闲在家，不想因为一个孩子就告别曾经的生活。她说那时候的自己好像没有办法从一个不会说话的生命上获得太多价值感；相比而言，她更需要从家庭以外的生活中获得满足感。

宋晴毕业于某 985 高校，踏入职场 12 年来，换过一次工作，在目前这家国企已经待了 8 年，各方面干得得心应手，处于上升期。她坦诚地说："刚工作时，没有想过自己还是个挺有事业心的人，可能也是运气比较好，遇到了这份喜欢的工作。所以，我从工作中获得的成就感，要大于生活中的成就。"这一点，她反复和我强调。她对工作的态度也体现在怀孕的过程中，大着肚子依然坚持出差，上班到预产期前一天才回家休息待产，休完产假后第一时间返回工作岗位。

在她的规划里，只要保持"工作—怀孕—工作"的无缝衔接，就可以让领导对她在职场的表现无可指摘。女儿不满周岁的时候，她再次怀孕，尽管是计划之外，但心想既然来了，不如趁着年轻，早点把二胎的任务完成。第二次怀孕时，她依旧保持着和平日一样的工作节奏，休完产假回归公司后不久，便迎来了公司内部一次提拔的机会。这是她满心期待的一次升职，同时也意味着薪水会水涨船高，对日益增长的家庭开销来说，是真金白银的支援。她仔细盘算过，和公司里其他同龄人比较起来，她的业务能力和资历都有一定的优势，升职概率还是挺高的。

　　然而，失望还是落到了头上。领导宣布的升职名单里，并没有宋晴的名字，取而代之的是同部门另一位女同事。她落寞地回到工位，看着电脑屏幕上的未读邮件，却一封也不想打开。换作平常，她一定会按照优先级别，抓紧时间迅速处理完成。她在意的是，为什么比她晚两年进公司、平时业绩也略逊色于她的同事，会更早被提拔？她自然不服气这样的安排，决定问个说法。她婉转又小心翼翼地表达了自己的意见，领导理直气壮地反问她："你自己心里不清楚到底是为什么吗？如果你没有生第二个的话，很大可能会先提拔你，但你连续生了两个（小孩），又休了两次产假，所以这次升职肯定是轮不到你的。"

　　如此直接的回答，像是给宋晴从头到脚泼下了一盆冰水。她不敢抬起头看对方的眼睛，一时语塞，像做错了事似的，低着脑袋回到电脑前。系统内有更多未读邮件涌进来，泪水也忍不住从她的眼眶里涌了出来。

　　"这个场景我一辈子都不会忘记。"宋晴在描述这一段的时候，反复强调了两遍。那一刻，她才真正明白，像她这样连着要了二胎，说不影响职业发展，不过是自己的一厢情愿，抑或是自欺欺人。两次产假加起来8个多月，200多天的时间，足以拉开她和其他同事之间的发展距离，晋升的通道也难免遇到不可跨越的阻碍。有了两个孩子，领导便默认你将把更多的时间贡献给家庭，也默认你能接受在职场上"从此落人之后一步"。宋晴花了很长时间做心理建设，让自己接受这一点：

在领导眼里，我这样连着生孩子，就是没有把工作放在第一位。他对我这样的看法，直到好几年之后才慢慢改观。刚开始一两年，他还不分场合地经常在其他同事面前有点酸地提起来，我也没办法反驳。只好劝自己，能保住生孩子前的工作已经很不容易了。

那个比我先升职的同事，我是不太服气的，觉得她和我能力上是有差异的，内心多多少少有些不平衡。我知道不能有这样的心态，朋友也劝我，不能把她当成竞争对手，但我实在很难客观看待。

宋晴告诉我，她不后悔做母亲，但如果再多一次选择的话，像她这样的职场妈妈应该会只生一个孩子，或许才能够在工作中多获得一些机会。她向我说出"职场妈妈"四个字的时候，显得多少有一些不情愿。与"职场妈妈"相对的应该是"职场爸爸"，但我们几乎没有看到过这一说法。这或许隐含了某种预先的设定：一个女人成为妈妈后，就自然地要被划分成"为了工作奉献"的妈妈和"为了家庭奉献"的妈妈。就好像我们在日常生活中如果对一位女性的评价是贤妻良母，那就意味着这类女性牺牲了大量个人时间在照顾孩子和家庭上；与之相反的是，如果一位女性被贴上"女强人"的标签，则意味着她花了更多时间在事业发展上，因而疏于照顾家庭的责任，在某种意义上，她可能并不是一个"合格的"好妈妈，甚至可能会得到这样的指责——"她总是在工作，不够关心孩子"。在这两种状态之间，似乎存在着巨大的、难以弥合的鸿沟。这种困境是妈妈们"工作—家庭"冲突的源头，也是她们内心感到独木难支的深层原因。事实上，不论是宋晴还是其他女性，都希望能保留职场人士和母亲的双重身份，从两者的平衡中找到快乐以及令自己安心的成就感。

然而，不少职业女性在生育后，会面临不平等的待遇和职场天花板，并被拖入一道又一道难以走出的陷阱，即由生育导致职业中断或者工作时间减少，母亲的收入大大减少。如果她们继续全职工作，雇主也可能会想当然地认为母亲投入工作的精力更少、工作上的能动性远远不如男性。这使得女性的晋升机会相对更少。而男性在成为父亲后通常会更努力地工作，有更大的赚钱动力，因此少做或者不做家务，不太投入育儿，都是可以被理解的。他们享有所谓的"父职红利"。《2022年中国女性职场现状调查报告》显示，在职场晋升中，男性的晋升障碍多归结于个人能力、上级领导、同级竞争、企业制度等与职场关联度较高的因素，女性的晋升障碍则多归结于照顾家庭、处在婚育阶段等和家庭有关的因素。[1]此外，因婚育而晋升不顺利的女性占比远高于同样境遇的男性，这也反映了性别、婚育计划等看似与工作能力无关的要素，却在很大程度上影响着女性的职场晋升。

关于造成职场不平等的原因，多数女性都强烈且敏感地觉察到，生育是女性摆脱不掉的负担。这样的母职困境也存在于全世界很多国家。美国圣路易斯华盛顿大学社会

---

[1] 智联招聘：《2022年中国女性职场现状调查报告》，2022年3月。

学教授凯特琳·柯林斯（Caitlyn Collins）花了整整五年的时间，走访瑞典、德国、意大利、美国，与135位职场妈妈对话，写成《职场妈妈生存报告》（*Making Motherhood Work: How Woman Manage Careers and Caregiving*）一书，描绘了职场妈妈们的迷思与焦虑：企业期待一名全身心付出的理想员工，家庭需要一个能尽力照顾孩子的理想妈妈，而大部分女性，走钢丝般地在工作和家庭之间挣扎，忍受着两难的压力。[1] 就如宋晴原先踌躇满志地驰骋职场，却在两次生育后发现，无论自己多么努力扮演一个理想员工的样子，尽一切所能减少生育对工作的影响，向公司证明自己和怀孕前一样有价值，却依旧无法跨过一些隐形的坎。

"我是这个家里的项目经理"

进入母亲的身份五年后，宋晴越来越能体会到小孩与她之间的依恋。小儿子生病的时候，整天挂在她身上，像

---

[1] ［美］凯特琳·柯林斯：《职场妈妈生存报告》，汪洋、周长天译，上海人民出版社，2020 年。

麦芽糖遇到牙齿一样，牢牢地黏住；女儿每天都盼着她下班后能一起读绘本。有时候她加班到很晚回家，哄睡的任务就落到了孩子的外婆身上。

有一次，她一边在办公室加班写方案，一边打开手机，通过家里的摄像头远程看到，客厅没开灯，儿子坐在沙发上东张西望，不愿意一个人进房间，周围黑黑的，只能乖乖等待外婆先陪姐姐睡，再来哄睡他。这一幕同时被在另一个城市工作的先生从手机里看到了，两个人都特别心疼，可异地夫妻的现状一时又很难改变。大女儿出生后，先生曾为了家庭团聚调回上海的分公司找了一份清闲工作，"是和升官发财没有关系的闲坑"，不仅收入变低，在公司里也没有太多存在感。那段时间，宋晴发现丈夫几乎只字不提工作，和以前讨论会很兴奋的样子简直判若两人，对自我的认可度似乎也变低了，好像一头被迫不能再打猎的狮子，整天懒洋洋的。一次饭局上，先生忍不住聊起自己的职场焦虑。他还有两年时间就 35 岁了，如果再不拼到高一点的位置，以后在这个行业里可能就没有机会了。宋晴听进心里，作为同龄人，她对这样的职场危机感同身受：一个人的职业生涯可以有几十年那么久，残酷的是，高光时刻也许只有那么一两次，一旦错过某次机遇，后面再努力也无非是原地踏步，不进则退。

最终宋晴的先生决定离开上海去外地总部工作。临走前的某天，恰好是宋晴 32 岁生日，难得二人世界，烛光晚餐，他们约定各自努力三年后在上海团聚，再一起陪伴孩子成长。晚餐后，先生把车停在家楼下，先行下车，打开后备箱，只见里面横挂了一条灯带，点亮了小小的空间。小灯泡的间隙里，有十来张冲印出来的照片，用彩色的木头小夹子夹住，有他们两人婚前婚后的恩爱合影，还有和两个小孩一起的全家福……已婚直男的浪漫表达尽管有些笨拙，但明显看出来是花费了一番功夫，还是给了宋晴一番惊喜，更让她笃定：为了另一半的事业上升期，分开只是暂时的，哪怕成为异地夫妻也是值得的。宋晴一边和我回忆着那日的场景，一边迅速地抽离回到现实中来。距离两人约定的三年时间已经过去了半年，先生在外地工作进展颇为顺利，职位和薪水都如愿晋升了一级，但是依然没有等到一个调回上海的理想职位，夫妻团聚的时间表仍未能敲定，孩子们盼望爸爸回来的愿望，也不知道何时能实现。如今异地夫妻的状态，让宋晴从一开始的充满盼望变成现在的疲惫，她无奈地告诉我：

> 当初是两个人一起做的（决定），现在也就一起承
> 担各种代价。如果暂时回不来，也只能接受再努力。
> 人总是什么都要，所以矛盾。

而事实上，一个人在上海一边工作一边育儿的宋晴比
丈夫承担了更多压力。她在看到丈夫的职场困境后，用实
际行动表达了支持，不仅和自己的母亲一起承担了育儿工
作，还要管理一个家，揽下了大大小小的财务决定。所有
的大额开支，比如买房、还贷、理财产品都由她来安排。
在家庭事务中，她的参与度更高，而先生则很难投入到一
些具体的事情中。她笑称自己好像是一个项目经理，一边
给另一半"派活儿"，一边还得在后面"抽鞭子"督促着才
能前进。结婚六年来，她对丈夫的期许发生了明显的转变。
恋爱时，她希望得到情感方面的关怀呵护，现在则更希望
对方是一个"合伙人"，能主动分担家庭里的各项事务，减
轻自己的负担。之所以出现这样的变化，她认为和在职场
的经历有着重要关系。她在职场上找到自己的位置之后，

会更加欣赏男性在家庭里的付出。可现实让她忍不住感慨，期待丈夫既能工作又能平等分担育儿和家庭事务，是几乎不可能的：

> 生小孩之前，他会不会做家务、处理家里面各种琐事，我完全无所谓，现在觉得其实很重要。我有个好朋友的老公很"贤惠"，我们去他们家吃饭，他会帮我们做饭、削水果，跟我老公完全不一样。以前我甚至可能会觉得这样的男人有点没出息，但后来有一次去他们家，我突然觉得其实挺好的。我老公经常会忘记他需要做什么，绝大多数时候只能靠我安排。当我安排好了，他又表现得不主动，需要我不停地督促。每次沟通，他会有反省，过了一段时间，又回去那个状态，我要再次发起吵架来叫醒他。唉，他就是缺少那根筋。

宋晴一度因为生二胎"耽误"的升职，时隔三年多，终于如愿得来补偿。尽管"从那次以后，总归差人家那么一口气，永远有一个人在你的上面，这道坎是跨不过去的",但她依然对工作抱有极大热情,相信上升通道依然向她敞开:"女性在职场上的能力不输于男性,只要用心的话,会有很多机会的"。对于和先生的团聚,她认为"只能随缘",先生的同事之中跟随配偶调动的例子比比皆是,而且基本都是夫唱妇随。她一度也想带着孩子一起搬去先生工作的城市,但经过深思熟虑,还是决定坚守原地。因为离开得心应手的工作环境,在一个新的城市重新开始,中断自己职业道路的连贯性,可能会付出巨大的代价。她还是希望能够在工作—家庭之间取得一定的平衡,即使艰难,也值得放手一搏。

伦敦政治经济学院媒体与传播系教授沙尼·奥加德(Shani Orgad)对受过高等教育的伦敦女性及其伴侣进行了深入访谈,写成《回归家庭?:家庭、事业与难以实现的平等》(*Heading Home: Motherhood, Work, and the Failed Promise of Equality*)一书,其中提到,越来越多迹象表明,现代职场环境对妇女,尤其是母亲非常不利。妇女仍旧遭受着"母职惩罚"。如今在预测薪酬不平等时,母亲身份成了比性别更有效的指标,职业女性们"敏锐地认识到了实现工作生活平衡的不堪一击和所要付出的巨大代价,却仍然坚持这一理想"[1]。所谓母职惩罚，指的是女性由于生育导致的职业中断以及收入降低，雇佣者会默认职场妈妈把更大精力投入家庭而非工作，使得女性晋升机会变少，职业发展受阻。宋晴觉得，即便职场中的确充满了不确定性和有时难言公平的待遇，对女性员工的"母职惩罚"也并不少见，她依然不会离开这熟悉的"一平米"工位。这是她保持经济独立的唯一有效方式，可以让她对生活的大方向和细枝末节拥有主动权，并在家庭的财务问题上，能够和丈夫理直气壮地提出自己的建议和要求。她无法想象，如果没有了工作和收入，自己的生活将会发生怎样的转变，她对于重新建立这一切并没有怀抱太多信心。

宋晴偶尔会默默地畅想，如果现在她是一个没有丈夫、没有孩子的单身女性，会怎样在这个社会上生活。这个问题，换作20多岁时的她，是不敢去想的，因为那时候她很害怕孤单。而在做了妈妈，经历了种种之后，她"反而有勇气了，试试不一样的人生，可能也挺好的"。

---

[1] ［英］沙尼·奥加德：《回归家庭？：家庭、事业与难以实现的平等》，刘昱译，广西师范大学出版社，2021年，第55页。

"像个男人一样工作"

访谈过程中，我遇到了另一对夫妇，他们有着和宋晴相似的情况。作为妻子的咏儿在上海带着孩子，同一屋檐下一起生活的，还有过来帮忙照看孩子的公婆。咏儿就职于互联网大厂，她的丈夫则在外地工作。结婚四五年来，将近一半的时间里，丈夫都是每隔两周飞回上海，待两三个晚上。她向我坦言："以前我还是挺仰望他的，年纪比我大五岁，在同一间公司的时候，级别比我高，所以我很知道他能做什么样的事情，哪些（事情）是我做不了的。"正是出于这样的默契，他们共同做出了异地夫妻的选择——为了让丈夫获得更好的发展机会，咏儿愿意成为付出更多的那一位，在上海兼顾孩子和工作。而相应的代价是，她几乎没有属于个人的时间，连周末去理发的时候也得带上孩子——我几次约她见面，她都是带着小孩一起来。她会为女儿点上一杯果汁、一块甜品，在一旁陪着我们聊天。

咏儿笑称自己是"时间管理大师"，她一天的作息是这样的：早上 7 点和女儿一同起床，尽管公婆可以代劳送孩子去幼儿园，但因为珍惜有限的亲子时间，她经常早饭都顾不及吃完，就忙着和女儿一起出门，哪怕只是手牵手，有说有笑地走到小区门口，也是她一天中最幸福的 5 分钟；从家到公司单程需要坐一个半小时地铁，每天早上 9 点半到，晚上 7 点左右离开，到家差不多已经 9 点；她会陪女儿做一些亲子阅读，帮女儿洗澡，直到 10 点把女儿哄睡之后，继续到电脑前加班至 12 点多，甚至常常会不由自主地工作到凌晨 1 点。白天咏儿被各种会议占满，反而深夜才是她高效处理工作的时间。

这样下班—育儿—加班的节奏，使得咏儿一天需要经历整整三个轮班，比美国社会学家阿莉·霍克希尔德（Arlie Russell Hochschild）所描述的"第二轮班"（the second shift）还要多一轮。她苦笑着说："有一次晚上回家陪女儿玩捉迷藏，躲在窗帘后面等着她来找，结果我竟然因为太累，靠在飘窗上睡着了。"霍克希尔德在《职场妈妈不下班》（*The Second Shift: Working Families and the Revolution at Home*）中描述了出门上第一轮班，回家上第二轮班（照顾家庭）的职场女性百态："无论在哪一种情况下，女性都付出了代价。家庭主妇付出的代价是身处主流社会之外；职业女性付出的代价是步入了发条般运转的职场，几乎没有时间或情感能量来照顾家庭。她的职业只留给她极少的时间和能量来照顾家庭，因为职业最初是为了适应一名传统男性的需求，他的妻子负责照顾子女……出门上第一轮班，回家上第二轮班（照顾家庭）的女性，也无法以男性的标准去竞争。她们发现自己的黄金生育期，二十几岁后期到三十几岁中期，同样是职业发展的高峰期。意识到职场游戏是为不用考虑家庭的人而设计的，有些女性丧失了信心。"[1]咏儿面对自己在工作和生活中同时扮演的角色，时常感受到愧疚和紧张。丈夫不在家，更让她感到难以平衡好自己的责任，很多时候都觉得自己既谈不上是一个称职的妈妈，又是一个糟糕的员工。

咏儿与现在的老板曾经在上一家公司共事过几年，好处是彼此有基本的信任。可正是因为"信任"，老板布置给她的任务总是既困难又时间紧迫，比如前一天傍晚 7 点要

[1] ［美］阿莉·拉塞尔·霍克希尔德：《职场妈妈不下班：第二轮班与未完成的家庭革命》，肖索未等译，生活·读书·新知三联书店，2021 年，第 8—9 页。

一份第二天中午交到集团的报告，她只能当天晚上埋头加班到凌晨2点赶出来。而部门其他同事遇到类似的任务时，老板通常会给出比较宽裕的时间。她一方面觉得这并不公平，另一方面又安慰自己遇到了一个愿意重用自己的老板，似乎不应当抱怨。她说服自己，并对此给出合理化的解释：老板是一个离异的、没有小孩的单身中年男人，不可能理解她这样需要一边做妈妈，一边还要保持高强度工作的状态。在老板眼里，大约她是可以"像个男人一样工作的"。

咏儿原先有慢跑的习惯，参加过多次马拉松。自认为身体素质还不错的她，却在连轴转的劳累中，先是出现了耳鸣，接着一只耳朵突发性耳聋。医生"吓唬"她，如果再过度劳累、睡眠不足的话，可能会长期性耳聋。最让她困扰的身体问题是荨麻疹，成片的红疹漫上四肢，吃药只能缓解症状并不能根治，一旦连续加班，荨麻疹便会不分白天黑夜地发作。她叹了一口气说："工作越来越累，回到家里又一堆事情等着我来安排。"

和宋晴一样，咏儿夫妇之间也有一个"三年之约"，他们计划在孩子上幼儿园之前，结束异地夫妻的生活。而在新冠疫情防控期间，隔离政策让丈夫原本两周一次的"探

亲"，因为不可抗力而充满不确定，有时会在临飞之前一天
无奈取消。次数一多，再加上两人的工作都越来越忙碌，
异地婚姻的高成本让她开始感到有些承受不住，矛盾一触
即发：

> 刚异地的时候，我们会在上班路上或是晚上小孩
> 睡着以后打个电话，后来只有等到半夜才都有空打电
> 话。有一次，他工作上遇到一些问题，本来想安慰他，
> 刚聊了两分钟，我的工作电话进来了，只好让他等一
> 下。没想到，他炸了，开始指责我一直让工作占据太
> 多个人时间。我也发火了，就把电话挂了。

> 过了两天，等大家都冷静后，我问他是不是可以
> 提前一些（时间）回上海。他明确拒绝了我，因为他
> 想要做的事情还没有做好，继续待在那里对他个人发
> 展来说是更好的选择。但我真的有些扛不住了，工作、
> 娃、老公都需要我顾，现在只能顾一头，顾不了其他，
> 但顾不了我也很难过。

因为忙于工作，咏儿陪伴女儿的时间越来越少，也常

常因转由公婆来承担养育任务而感到自责。更糟糕的是，两代人也因此在育儿方面矛盾频出（关于这一点，会在后续章节中详细展开）。对于在异地工作的丈夫，她好像也在失去提供情绪价值的能力。远距离让他们渐渐失去了沟通的耐心，团聚的遥遥无期消磨着她生活的动力。和宋晴一样，在原先的想象里，她可以像某些女性励志书里鼓励的那样，在职场打拼以保持经济独立，同时做个好妻子、好妈妈。具体实践中她却发现，这几乎难于登天，而且会将自己推入无人知晓、茫然无助的困境中。顾此失彼才是职业女性日日面对的难题。在和多位职场女性交流时我发现，每当出现工作—家庭的两难时，她们通常都会自觉地站在问题的靶心，工作的同时，也成为主要承担养育子女、管理家庭的那个人，并协调二者失衡时所产生的种种矛盾。由于另一半通常是不可指望的，在她们看来，对此做出的种种行动都是自救。咏儿考虑过换一份相对轻松、可以早些下班的工作，或者干脆退回家里照顾孩子。然而在经过仔细考虑后，她发现这样势必会在经济、心理上经历很多意想不到的挑战，需要做好更多的准备才敢迈出这一步。她告诉我："除非现有工作我真的做到绝望，或者身体上有非常大变数的时候，我可能才会做出这样的选择。"

在和咏儿访谈半年之后，上海因为新冠疫情防控实行居家办公。一个深夜，咏儿发来消息："我实在撑不下去了，想辞职。"我进一步关心询问，原来领导提拔她做主管，然而这并没有激发她更多的成就感，因为随之而来的，是排山倒海般压下来的工作任务。每天除了工作就是工作。居家办公期间，她基本不出房门，从早上 9 点一直工作到晚上 10 点，和家人之间的关系似乎演变为合租室友。女儿渐渐习惯没有她的陪伴，有什么需求首先会求助爷爷、奶奶，而不是喊一声"妈妈"。这样几乎被工作占满，无法拥有正常亲子时间的生活，彻彻底底淹没了她，有一种声音像警报一样在她脑海里嗡嗡作响：这是不可持续的。她第一次感到自己像一支大海上的独木舟，凭借一己之力，乘风破浪，而当风浪越来越高时，便急切地发出求救信号：

> 我的荨麻疹还是会经常发作，虽然不是什么大毛病，但也非常折磨人。公司业务越来越"卷"，很多时候都不是在推进业务。我都不知道自己每天到底在忙什么。我根本不想升职，只想躺平随便干一干。

我想过换公司，去找一份轻松的工作，兼顾家庭。面试了一家，HR看了我的简历后问我有什么职业规划。我不知道怎么诚实地说出自己的想法。她问我的那一刻，我是发自内心地不想工作了。如果不调整好身体、心态，直接进入一份新工作，肯定会重蹈覆辙。所以我决定辞职休息一阵，多陪陪小孩。

咏儿尝试把自己生活中面临的种种难处倾诉给自己的母亲听，期待获得一些共情。然而同为女性，作为传统意义上的中国妇女，出生于1950年代末的母亲并不能理解80后女儿身处的困境，反而劝她"在家凡事多忍耐"。咏儿明白，自己和母亲所处的时代有着巨大差异，不同世代的女性在职场和婚姻里的期待发生了翻天覆地的变化，这都影响了她们对于家庭和母职的理解。咏儿回忆童年时，母亲的工作就是"每天在办公室里喝茶看报，经常迟到早退，回家做饭带娃"。而咏儿的父亲一直忙碌于工作，多年累积，事业上颇有成就，更让她的母亲愿意全力支持另一半，将自己的人生围绕着家庭转，承担起照顾孩子的主要职责。在咏儿看来，无论是养育孩子还是照顾家庭，都不是她一个人的工作。异地的状态让丈夫看起来暂时逃离了本来需要共同分担的责任，这原本不应该是家庭的常态。

作为"80后"独生女，咏儿们明显具有更强的自我意识，在履行母职、妻职时，会更倾向于尊重自我的需求和意愿，当夫妻间出现矛盾时，并不会像长辈教导的一般"凡事多忍耐"。她们更乐于思考个人的真实需求，在日复一日的生活中追根究底地拷问自己——我到底想要什么样的生活？而不是简单复制父母那辈传统的男主外女主内模式。当咏儿反复表达希望夫妻能早日团聚，一起分担家务、育儿工作时，丈夫似乎仍然停留在旧日的秩序里，直接扔出一句"我们爸妈那辈以前都这样"。尽管能理解丈夫在事业上进步的需求，在一次次面对家庭—工作平衡难题的时候，咏儿不禁发问："谁来理解我呢？"

每一次的决定都是抉择

美剧《傲骨贤妻》(*The Good Wife*)讲述了这样一个家庭主妇逆袭的故事：女主角相夫教子十余年后，她身居高位的丈夫突然被爆出性丑闻，并因涉嫌贪污腐败入狱。过去的完美人生一夜之间轰然倒塌，陷入绝境，但也激发了她强大的生存意志——重回职场，成为一名大杀四方的执业律师，承担起养家育儿的职责。这场突如其来的风暴中内置了每个女性人到中年时都会遇到的相似困扰——金钱、孩子、夫妻关系、工作，将这些元素串起来的是欲望与妥协，自我怀疑与挫败感……是认识到自身的渺小和局限，接受命运的安排，还是像剧中女主角一样用力还击命运的变故？每个人都会做出不同的选择。听说我在写一本探讨母职的书，一位多年好友毫不犹豫地向我推荐了她的表姐："你一定要和她聊聊，她的故事很不一样。"她的表姐，和《傲骨贤妻》的女主角一样，也是一位律师，同样是人到中年后才真正成为律师，从此过上从未设想过的人生。

蕾阳，45岁，两个孩子的妈妈。我们在社交软件上约访谈时间时，她礼貌回复："最近正好集中有几个比较重要的开庭，庭外的时间都要做准备工作，估计过几天才有空。"一周后，我们约定了一个周日的下午，在她的律所附近见面。我早早等在一间咖啡店内，正在加班的她10分钟后赶到。她个子很小，大概一米五出头，齐耳短发，穿一身运动服，说话轻声，语速很快，带着明显的南方口音。

大学法律系毕业后，蕾阳只身来到北京工作，因为"从未想过独身，一定要结婚"，所以从30岁开始踏上相亲之路。直到35岁那年，经朋友介绍，和比自己年长7岁的相亲对象闪婚，两人租住在北京六环附近的一个老旧小区内，她略带调侃地告诉我："两个人的条件都特别不好，谁也别嫌弃谁，都这个岁数了，我们结婚的时候还是租房子住。"结婚前，她供职于一家外贸公司，名义上是法务，实际上同时兼任老板助理、公司人事，偶尔还负责一些财务工作，是公司里的一颗螺丝钉，哪里需要拧哪里。对彼时的她来说，每月到时间领薪水便是一份工作的全部意义，"老板让做什么就做什么，其他啥都不惦记"。那几年的时间里，她从来没有思考过任何职业规划，也从未想过可以有能力赚更多钱来改善北漂的生活。

结婚一年后，她生下儿子，继续住在老旧的出租房里。以前她觉得自己的未来好像可以一眼看到头，可是孩子出生后，每天早上醒来，看着身旁的婴儿日长夜大，第一次觉得生命充满无限可能。她说第一次体会到了什么叫"为母则刚"，想尽力为怀里的孩子提供更好的物质条件、教育环境，"至少让他以后比我过得好"。休完产假后，她不想再回到原来的公司每天做同样的事情，想"换一种活法"，冒出这个念头的时候，她也被自己吓了一跳。推着蕾阳往前迈进一步的，不仅是身为一个母亲所散发出来的力量，尽管那股力量大到足以让她改头换面，也和她在婚姻里的处境相关。原先她认为，哪怕是没有什么爱情基础的婚姻，也能做到相敬如宾，抱着这样朴素的念头成立家庭后，却发现原来需要把自己变得更小一点，更卑微一点，事事听从，才能满足另一半的大男子主义。生完第一个孩子，坐月子期间，她便和丈夫有过争吵，无法接受这样的婚姻状态，想证明自己，找到属于自己的一席之地，期待在婚姻中能够平等相待。

37岁的她，从抽屉深处翻出律师资格证，决心加入朋友的律师事务所，从律师助理开始做起。经历了一番摸爬滚打，入了些门道后，蕾阳成为一名民事诉讼律师。起初，她"做了三年多的万金油律师"，从公司合同纠纷到离婚，甚至为黑社会大姐打三角债官司，都来者不拒。刚开始做这行的时候，她总是习惯于自我否定，大龄转行的她，和经验丰富的同行相比，专业能力差距甚大，不仅需要花比别人更多的工夫，从头学起，身为一个妈妈，还要平衡好照料家庭的需求。每一次庭审前，她都会熬夜翻看厚厚的资料，她坦言：

　　　　我们这行业是不可能通过看案例、判决书，就能把控好每个环节的，必须得一步步实践，这个成长过程是不可逾越的。第一次开庭时，我特别紧张，心跳咔咔咔的。哪怕之前准备再充分，开庭的时候头脑还是一片空白，站在法官面前，感觉自己像个傻子似的，不知道怎么开口。我连续三年多都是这样一种状态。

　　　　印象最深的一次是一个有些复杂的合同纠纷官司。正巧那天的法官看起来特别傲慢，对方请的律师也很强势，经验比我丰富多了。我一看那场面，根本就不在掌控的范围内，当下就想找条地缝钻进去，心里也打起了退堂鼓：这次庭审完，要不就别干了，自己可能真不是这块料。没想到，最后还是赢了。虽然我庭审表现力不好，但法律还是靠事实和证据说话的，事先充分准备的证据帮了大忙。

蕾阳做律师渐渐走上正轨，转行的第三年，也就是39岁那一年，她怀上了二胎。对于新生命的再次到来，她特别开心，一来能给儿子添个一起成长的伴儿，二来收入稳步增加，经济实力的增长也让她有信心养育第二个孩子。但是她的丈夫却犹豫了，认为再生一个会增添家庭负担。在她的一再坚持下，女儿终于来到了这个世界。和第一次做妈妈比起来，她更从容也更享受，只要是不工作的时候，喂奶、哄睡、陪玩，她都亲力亲为：

> 我老公觉得如果两个都是（儿子）的话，经济压力会很大。我和我的父母都跟他打包票，不管（这孩子）是男是女，都由我们来养大，承担全部费用。后

来，女儿跟我姓，他也同意。

　　回忆起来，我对老大的付出是有限的，那三年因为刚开始做律师，各方面都不太稳定，我考虑自己的发展和工作更多一些。女儿出生后，我第一次知道什么叫母爱爆炸，这时候才觉得当妈妈太好、太幸福了，很喜欢自己这个角色。

　　生完二胎以后，蕾阳又有了新的念头，她想专注于一个领域，深挖自己在行业里的发展空间，而不是像只八爪鱼一样四处试探，永远做一个"万金油律师"。在老朋友的邀请下，她决定加入其律师事务所，专注于知识产权领域。这一次机遇彻底改变了她的命运。她的口碑逐渐积累，加上朋友的赏识，她被提拔为律所合伙人，银行账户上的余额每年见长。蕾阳珍惜这一切的来之不易，只有她自己明白，每一次职业上的变动都是她破釜沉舟的抉择。因为需要考虑家庭收入、养小孩的各项支出，还有个人发展等等因素，一旦决定向前，再难都得硬着头皮上，从不给自己患得患失的空间。更换职业赛道时，她并没有得到丈夫的支持和理解，因此每当工作上遇到不顺，她从未向丈夫吐露过自己的焦虑和压力：

> 说出来很轻巧，其实每一次做决定之前都是整宿
> 整宿地睡不着觉，非常痛苦，现在有时候心脏会疼，
> 谁的后脑上也没长眼睛，不知道这一步走出去是踏空
> 了还是踏准了。

"我到底应该怎么做，他才满意呢？"

蕾阳在事业上收获了她从未预料过的财富和成就感。
不断增长的收入给家庭带来的明显好处是，居住条件改善
了。北漂多年后，夫妻俩终于有能力在北京安了家。孩子
教育方面，她尽己所能地提供最好条件，根据兄妹俩的兴
趣，为他们分别报了英语、跆拳道、羽毛球等课外学习班。
平时工作忙碌的蕾阳尽量平衡好工作和陪伴孩子的时间，
孩子学校和课外辅导班的各项安排，都由她来负责。她拿
出手机给我看，在社交软件上，和孩子有关的聊天群组有

13个，为了不错过任何一条重要的信息，她全部设为置顶。女儿参加儿童节集体活动，需要准备发饰、服装等等，她会在深夜结束工作后，回到家里一项一项地整理好，生怕漏掉哪一项。

蕾阳现在既能做喜欢的工作，又能为孩子遮风挡雨，这是她此前从未体验和拥有过的力量感，鼓励着她解锁人生一个又一个的关口。然而，现实还是将她拖入了难以走出的泥潭。在她事业上升的这些年里，丈夫却渐渐无法在职场中找到价值和存在感，成为退回家庭里的那个人，每天负责接送两个孩子上学，做着一切在他看来是无可奈何、本该属于妈妈的工作。当蕾阳的收入高出丈夫七八倍时，夫妻之间的嫌隙越来越大，争吵也越来越多。

　　我老公在家里的时间比我多，我希望他能多参与孩子的教育，但他拿着手机的时候，从来都是斗地主、刷视频、看股票……我们吵过很多次，也推心置腹地谈过，如果对现在的状态不满意，我们可以对换一下（位置），我把重心转移到家庭，（换）他出去赚钱，毕竟钱是赚不完的，我也没那么贪心。聊完以后，他没

86

说行，也没说不行。

我没有能力的时候，他打压我，看不起我，现在我强起来了，经济上超越他了，他心里又要和我别扭。后来我发现，我们之间最大的问题是，他不甘心我比他强，更没办法接受我的收入比他高太多，也不想分担家里的事情，总觉得他一个大老爷们不应该去接送孩子，这有损做男人的尊严。

为了安抚丈夫的内心，蕾阳不仅承担了家里的主要开销，还抽出一切时间密集地履行母职，从孩子的饮食起居到课程和活动安排、教育规划等等，她都不放松，却依旧不能得到丈夫的支持，也无法平息婚姻里的"战火"。她经常反思自己哪里做错了：是不是太不会撒娇了？是不是应该在吵架的时候哄一哄对方？或者是不是应该退回家庭，做一个传统意义上的好妻子、好妈妈？访谈间隙，她忍住眼睛里的泪水，哽咽着吐了一句："我到底应该怎么做，他才满意呢？"

蕾阳坦言，十年婚姻是一个自我觉醒的过程，尽管离婚的选项一直存在于她的婚姻之中，但她从未后悔做母亲。

因为步入婚姻，成为两个孩子的母亲，她才在经济、职业发展的压力之下，一步一步探索，逐渐在北京这座巨大的城市中找到了自己的位置，也在不断上升的事业轨道上获得了自我价值的实现。但也正因为工作打拼，和丈夫收入相差悬殊，关于谁主外谁主内的争吵一轮又一轮。她认真地权衡过，如果夫妻关系无法得到改善，或许只有走上分开这条路。之所以会这样明确，一个很重要的理由是，她衡量过自己现在的经济能力，可以承担离婚带来的影响，即使马上原地结束婚姻，生活质量也不会因此发生很大变化。她甚至悄悄看过孩子学校附近的租房情况，并仔细计算过，如果带着孩子离开家，她每个月的收入完全可以支持所有的开销。蕾阳为婚姻的走向做好心理准备或许是一种另类自救，就好像《职场妈妈不下班》中描述的那样，"众多的夫妻可能都生活在一种潜藏的动态中——一边努力维系婚姻生活，仿佛一切安好，另一边以防万一随时准备离开。"[1]

在令人矛盾和挣扎的现实面前，多数职场妈妈时常感

---

[1]　阿莉·拉塞尔·霍克希尔德：《职场妈妈不下班》，第 159 页。

到工作与家庭的齿轮啮合，火星四溅，甚至听见它们在脑袋里互相摩擦、大力碰撞的声音。像蕾阳一样奔波，一边赚钱养家一边高强度地履行母职，除去工作和睡眠以外的时间，几乎都贡献给了家庭，似乎难以等来任何松绑和纾困。像咏儿一样每天回家后继续"第二轮班""第三轮班"，尝试从伴侣处获得实际的理解和支持，重新建立家庭分工，却经历了一次又一次的失败和失望，只能转而面对难以接受的现实：家庭中出现的大多数问题都得靠女性来承担。像宋晴一样一边坚持守住自己的职业阵地，一边精明强干地成为家庭里的 CEO，处理包括财务在内的大小事务……无论在哪一种情况下，女性都做到了她们曾经不敢设想的事情。无论她们在职场、婚姻、家庭的多重宇宙里做出了怎样的选择，都好像和曾经的渴望相去甚远。社会通过妻子、母亲的身份来定义女性，对她们的评价往往落在照顾家庭、养育后代的能力上，而非作为独立个体的价值和成就上。访谈诸多职业女性后我发现，她们尽管依然非常看重家庭的联结，与此同时也越来越关心工作所能带来的长久价值，将其看作是实现自我的重要领地，即便会遇到种种阻力，但不会轻易为了家庭而偏离、牺牲自己的职业发展轨迹。对她们而言，保持经济的独立性，才可以有底气，进退自如地处理家庭问题。

第四章

沉重的离婚时代

"拼了命把孩子生下来的"

　　王睿，35 岁，一头披肩长卷发，一米七的高挑个子。我去她家里拜访时，她刚下班回来，质地良好的白色丝织衬衫和灰色紧身裙还没来得及换下。她去厨房给我倒了一杯水，身体靠在原木色的餐椅上，手指交叉围拢在玻璃杯上，向我道出离异前后的经历。

　　31 岁那年的春天，王睿生下七斤五两、健康壮实的儿子。她没来得及看孩子一眼，就因为产后大出血，几乎失去意识，被直接从产房推进了 ICU 病房。经历了漫长的两日两夜，她才逐渐苏醒过来。因为这一遭险遇，她感到自己和儿子是"生死之交"，两人的命运从此被牢牢绑定在一起。她告诉我："真是拼了命把孩子生下来的。"当时，孩子爸爸在病榻一侧笃定地许下诺言："从此以后，我们一家三口一定要好好生活在一起。"王睿也以为能够带着这样的承诺一辈子安心生活。然而，人生的剧本没有按照幸福家庭的设定发展下去，一个意料之外的戏剧性转折发生了。

儿子刚满周岁的时候，有一天，前夫突然向她提出离婚，理由是爱上了其他人，想尽快离开家。听到那番话，她"当时觉得天塌下来了一样"。仔细回想，从备孕到生下孩子的一年多时间里，两人的确发生过前所未有的频繁争吵，但她从没有对他们之间牢固的婚姻根基有过任何怀疑。她尝试理出事情发展的头绪，猜测造成前夫感情生变并提出离婚的另一个可能原因：两人对婚姻中的责任和角色分工一直存有分歧——王睿倾向于兼顾事业和家庭，对方则更倾向于"男主外，女主内"的传统模式，甚至曾经多次表达，希望妻子能把更多时间贡献给家庭，相夫教子。他还举了身边的例子来说服她：某个朋友的妻子也是高学历，为了支持丈夫工作，更好地教育孩子，做了全职太太，"你也可以这样"。

王睿总觉得如果选择放弃自己的事业，便辜负了多年求学所付出的辛苦。况且从小到大，她一路成绩拔尖，是

"别人家的孩子"，父母对她的教育都是"女人要经济独立，要有自己的工作"。婚姻出现这样的变故，是她万万没有想到的，十年感情抵不过对方内心欲望；自己差点付出生命生下的孩子，也未能阻止一个家庭的分崩离析。她看在多年的情谊上，试图尽一切努力挽留这段婚姻，而真正用力牵扯着她内心的是一个母亲的本能，她不想让父亲的角色过早缺位，想给怀抱里幼小的孩子保留一个完整的家。然而，经历了两年多的情感拉锯战后，在跨年的那一天，她还是收到了一份不想收到的"新年礼物"——离婚协议书。

至此，过往一切看似固若金汤的美好都被打得稀碎，她不得不先带着走路还摇摇晃晃的儿子从家中搬离。母亲听闻后从老家赶来帮忙。为了给祖孙三人好一些的居住条件，她在一个周边设施齐全、交通便捷的老旧小区里租了间两居室，房租吃掉她每个月工资的一大部分，生活费就紧巴巴了。一次，孩子想吃牛肉水饺，她站在肉摊上对着价格算了又算，才舍得买下拳头大小的一块肉带回家。精神和经济的双重压力让她喘不过气来——不仅要一边上班一边照顾孩子，还要匀出大量精力来处理离婚的后续事宜，主要是财产分割，为孩子争取抚养费，作为今后的日常开销和教育费用。整个谈判过程非常艰难，充满心碎，回忆起当时的心力交瘁，她深吸一口气，停顿一阵后才开口讲述：

收到离婚协议书后，每隔一段时间他就会催我，为了逼我快点办手续，他什么难听的话都说得出来。那段时间，一看到他发来的消息，看到那些激烈言辞，我都会产生生理上的应激反应，就是吓得想拉肚子……

他先提了一个（抚养费）价格，我说不够。他就让我把儿子需要什么（花钱的地方）都列出来，我就去画了张 Excel 表，奶粉钱、伙食费多少，现在的房租多少……我提了一些条件，但跟他完全谈不下来，还被骂得狗血淋头，完成把我当成了敌人，好像是我在图他的钱，是我犯了错，是我非得要离婚一样。

在没有办法和前夫达成一致，快要无法坚持的时候，王睿请了一位颇有经验的离婚律师。律师鼓励她："这是你和孩子的权益，一定要分分必争。"之后，和前夫的谈判僵持不下时，都由律师出面代表帮忙谈妥，最后约定在孩子未成年时，每月向王睿支付一定数额的抚养费，用于日常开销，此外，还将两人共同承担（一人一半）孩子的大学学费也写进了协议中。拥有一定的经济保障，终于让独自抚养孩子的王睿安心了一些。尽管磨人的离婚终于尘埃落定，人生似乎也可以重新翻开一页，但她丝毫没有如释重负之感。

比起继续留在那段遭遇背叛的糟糕关系里，就此分开生活显然是理智的选择。然而原本感情甚笃，期待着携手过上幸福生活的一家三口，为什么要走到今天这一步呢？她左思右想不明白，产生过很多怀疑：是自己没有以家庭为重，满足另一半的期待，所以感情出现了这么大的变数吗？是她太注重自我的发展，总想在事业上更进一步，所以才把家弄丢了吗？离婚像是在她的生命里投射了一片阴影，有时深，有时浅，却从来没有真正散开过。对于年幼的孩子需要陪她一起承受这一变故，她更是充满着复杂的情感。从第一次听到曾经相爱的另一半说出"离婚"二字，到办妥手续、正式分开的那一天，历经整整三年时间，王睿说自己为此"不知道流了多少眼泪"。本以为内心已经被磨得足够坚硬，看到工作人员盖下红戳的瞬间，她的情绪还是控制不住地剧烈翻滚。她知道，这是人生的一个分水岭，所有的美好纯真好像是留在了上辈子，曾经对前方的困难一无所知，以为美好之后仍是数不尽的美好，幸福之后一定是不会被推倒的幸福，完全没有想到命运会走到这样的分岔口。当民政局的工作人员把离婚证摆在她眼前，脑海中嗡的一声巨响，从今以后，她要和儿子成为一个共同体，相依相伴。

总觉得对孩子很愧疚

离婚后，王睿一边工作一边照顾孩子，每天早上6点半起床，做早餐，一顿收拾忙碌，7点40准时将儿子送去幼儿园后，再上班，下班后又匆匆赶去学校接孩子回家，做晚饭，洗漱……一个人完成日常的整套流程，有时候难免手忙脚乱。令她欣慰的是，儿子从不吝于表达爱意，小家伙把"妈妈，我爱你"挂在嘴边，总是黏着她，每天晚上要等到妈妈上床了，他才肯一起入睡。

刚离婚的那段时间，抑郁状态一直伴随着王睿。她常常在情绪接近决堤的时候，逼着自己多想想儿子，于是马上又让自己表现得像个女战士，守好两人的堡垒，尽力让爱充满其间。她告诉我，离婚像一块大石头重重地压在心底，无论如何都搬不走。当同事、朋友问起自己的婚姻状态时，她依然没有办法自然地开口告之；有时翻到手机里几年前的照片，还是会忍不住黯然。往日的甜蜜和幸福关上了大门，她被孤立无援的感觉所包围。离婚后的两年时间内，她都处于这样的"过渡期"，一边调整状态，一边摸索着一个人带孩子生活的节奏。比如她会怀疑是不是因为自己做错了什么，才让儿子在和其他孩子不一样的环境中成长，她深深地为没能给他提供一个双亲共同养育的家庭而感到内疚和自责：

> 每天只有早上醒来看到睡在旁边的儿子会开心一会儿，其他时候都是轻度抑郁的状态，觉得自己好倒霉，为什么会碰到这种事情，好好的一个家，没了。
>
> 有一次，我带儿子去上英语课，老师问：你家里有几个人？小孩举起两根手指。老师问：Only two？

（只有两个人？）我坐在教室后面，当时就把头低下去了，羞愧得不知道和老师怎么解释。

第一次访谈的两个月后，我和王睿再次见面，是在她儿子5岁生日的聚会上。小男孩戴着可爱的生日帽，在房间里兴奋地和小伙伴们追着跑，正是调皮好动又无忧无虑的年纪。我们一边吃着生日蛋糕一边聊天，她和我感慨："终于长到5岁了，太不容易了。"她有一个习惯，时常会把儿子的小脚放在自己的手心里丈量，刚出生的时候，大约只有一根食指那么长，慢慢长到了她的掌心那么长，现在已经超过她一只手的长度了。随着孩子逐渐长大，隐藏在她心底的担忧也慢慢浮现：如果有一天，孩子问，为什么他的爸爸没有一起生活，或是为什么爸爸妈妈离婚——她实在不知道应该给出怎样的答案来安抚他。

同样让王睿感到力不从心的是工作。离婚前，她对这份从激烈竞争中脱颖而出的工作倾注了极大的热情，一直盼望着能做出更多成绩，学以致用，实现自我的价值。然而在过上独自抚养孩子的生活以后，她常常感到独木难支，不得不主动调整，舍弃掉一部分工作上的野心，不敢再期待自己和其他同期入职的同事一样，在一定时间内达成职称评选和岗位晋升的目标。离婚前后的三年时间里，她的生活和心理都像是经历了一场龙卷风，不得不大大放慢了工作节奏。当其他人可以心无旁骛地加班时，她必须要准时准点冲回家陪孩子，做家务。忙碌了一整天，想哄孩子睡着后再工作上一会儿时，她已经困得睁不开眼皮，只能倒头休息，为第二天的"战斗式带娃"储存体力。一个独自抚养孩子的职场妈妈，同时要平衡好工作和育儿之间的关系，这让王睿感到更为艰难。她既担心自己无法在工作上有所进展，又焦虑因为比别人少了个帮手，而无法将育儿这份职责做好。

在我访谈的数位单亲母亲中，几乎每个人在刚刚进入单亲生活时都曾经历过担心被指点议论、难以释然的过渡阶段。她们忧虑自己的身份不被社会主流价值观所接受，也都对"离婚是否正确"有过反反复复的斟酌和怀疑，甚至是自我指责。这段时期往往是单亲母亲情绪最低落、最孤独无助的阶段，除了需要走过心理上的难关，还需要花时间来学习，独自应对生活中的细枝末节，比如家务、子女教育、家庭理财、打点各种社会关系等等。而当她们感到无法驾驭这样的生活时，往往又会将遇到的一系列挫折归结为婚姻的失败，或是个人选择的问题。

不少单亲妈妈会落入的一个陷阱是"内疚式育儿"，认为是婚姻中自己的问题导致孩子不得不在单亲的环境中成长，愧疚心理让她们情不自禁地把"补偿孩子"放在心理序列的首位，而将职业发展、职业技能提升、离婚后的个人情感需求等等排在靠后的位置。这背后折射出整个社会对于女性养育角色的期待——母亲是孩子的主要照料者，一旦养育孩子的环境发生结构性变化，比如父亲离开家庭，母亲则倾向于将单亲的家庭结构视为自己在育儿上的弱势，不利于孩子的身心成长，担心他们更容易出现心理和性格上的问题……在难以言说的"耻感"之下，单亲妈妈们通常会经历重新找回自我价值的漫长过程。

离婚不离家

晓雪，淘宝店店主，和前夫是大学同学，毕业后两人一起来到一座沿海城市工作、结婚、定居，今年 38 岁的她是两个孩子的妈妈。前夫在一家国企工作，长期加班，又经常出差，带娃的参与程度很低，这是他们日常争吵的主要原因，也是离婚的导火索。离婚的整个过程非常迅速果断，没有谈判任何财产相关的问题。她告诉我：

> 生完姐姐，他就参与得很少，这些肯定是给离婚埋下了伏笔的。他在带娃这件事情里面参与度太低了，对整个家庭的这种付出就非常不够。
>
> 我当时想的是，现在我没房贷也没车贷，然后也还能挣钱，离就离呗，谁还离不开谁了。离婚的时候，他不要我的钱，我也不要他的钱，我当时都没想到要什么，他（收入）比我高，工作比我稳定，理论上应该每个月再给我一些钱，（但我）完全都没有想到和他要这些。

晓雪认为，正是自己挣钱的能力，给了她决意和前夫分开的底气，"如果自己挣不了什么钱，大概很难离婚"。大学毕业后，她一直在电商行业工作。生完第一个孩子之后，她考虑到"时间灵活，照顾孩子方便一点"，便独立开了一家网店。经过五年多时间的辛苦经营，网店做得蒸蒸日上，平均每月的收入已超过她之前作为"打工人"时的薪资。然而，自己开店并没有想象中那么自由，日常工作烦琐零碎。为了节省开支，选品、客服、打包货物、发快递等等，都由她一人完成，从早到晚几乎没有个人的休闲时间。用她的话说就是，不是在做"店小二"（回客户的消息），就是在做"搬运工"（打包发货），一天下来累得腰酸背痛。

晓雪一般每天早上 8 点送完孩子后就上线，开始处理店里的各种事务，下午 5 点以后不再发快递，因为要去接姐弟俩放学；晚饭后，她在帮孩子们洗澡、督促做功课的同时，还会见缝插针地回复客户询问的消息。她母亲常年和他们住在一起，帮忙做饭、打理家务。孩子的爸爸常常喝酒应酬到深夜才回家，那时姐弟俩早已进入梦乡，晓雪也累得不想再说话，但这时又总是不免会和带着酒气的孩子爸爸吵架，一旦开口，两人就一次又一次陷入相同又似乎无解的矛盾和争吵中。

当初因为前夫的工作关系，晓雪跟着来到这座没有任何亲朋好友的城市，本想两人能在异乡彼此关爱、互相扶持。连着生下姐弟后，她好像彻底失去了属于自己的人生，整日只能为孩子而活，为老公而活。在这座城市里待了快十年，没有几个称得上知心知已的朋友，除了偶尔和曾经的同事聚会吃饭，聊聊家务琐事、孩子的学业之外，她从来不对任何人说起婚姻中不被看见的苦闷。提出离婚，是她对这一切的反击。长久的累积像一座火山一般，爆发前早已蓄满了难以想象的能量。

然而，不可否认的是，今天的社会对一个女性的价值评判往往停留在她是否遵循了传统的父系道德：选择离婚，在一些社会舆论看来是女性没有做到一个妻子的温良本分，没有守住家庭的能力；选择成为一个单亲妈妈，更是和主流的文化背道而驰，将自己的生活变成了困难模式，从此不得不辛苦地"既当爹又当妈"。晓雪的父母总是劝她为了两个孩子的未来，在婚姻里多多忍耐，对她主动结束婚姻这一决定不仅从未表达过支持，还经常为此感到"丢脸"。在他们眼里，对方工作稳定，也没有生活上的坏毛病或坏习惯，不投入育儿，也是因为他工作忙，"你做老婆的，要多理解多支持"，两人无论如何都不应该走到离婚的结局。对于父母的态度，她颇为无奈地说：

离婚两年以后，我爸还时不时给我发短信说什么家和万事兴，还一直帮着他说话。父母想的那一套完全都是，维护表面的那种家庭和平就好了，从来不会想想我的感受，多么憋屈，多么不自在……

"现在话语权在我这里"

晓雪目前和前夫相处平和，甚至有一种"离婚没离家的奇妙感觉"。因为共同抚养孩子，住得又近——前夫在她的楼对面租了一套房子，夜幕降临时，站在阳台上能看到彼此家中的灯光。无论在情感还是日常生活上，他们依然存在着千丝万缕的联系，时常见面，比如周末会带孩子们一起外出用餐。晓雪是个快人快语的川妹子，她告诉我，以前两人吵架，几天都会耿耿于怀、心情低落；现在她会把自己从对方的人生中抽离出来，用旁观者的心态来看待——前夫无论是应酬喝得烂醉如泥，还是遇到其他事情，她都抱着"关我屁事"的念头，前所未有的自在。她还笑着说："老娘好不容易自由了，想和哪个男的见面约会，也没有什么道德约束了，可以理直气壮了。"

晓雪一直期待前夫能在离婚后有所改变，在照顾孩子方面多主动承担一些责任，但现实并没有朝着这个方向发展。每次前夫需要去外地出差，就会毫无顾虑地把女儿放在晓雪家里拜托她照顾。在她看来，这是一种享受了自由，却没有认真履行义务的双重标准生活——每当前夫感受到约束，便马上以离婚人士自居；每当需要人手帮忙时，他又会毫无愧疚地拿出另一套说辞来逃脱部分的责任。

提出存在主义女权理论的法国作家西蒙娜·波伏瓦（Simone de Beauvoir）在《第二性》（Le deuxième sexe）一书中这样评价过男性在婚姻中的典型心理："男人结婚是为了安居在内向性中，而不是为了被关闭在里面；他要一个家，但能自由逃离它；他定居下来，但往往他在心里仍然是一个流浪者。"[1]而晓雪则恰恰相反，因为强烈的母职意识，不论离婚前后都将家作为自己离不开的"根据地"。她很少独自出门，每次不得不外出的时候，都会在脑海中

---

[1] ［法］西蒙娜·德·波伏瓦：《第二性（纪念版）》，郑克鲁译，上海译文出版社，2021 年，第 254 页。

冒出一连串问号：我不在家的时候，孩子吃饭怎么办？他们的功课怎么办？这些问题似乎从来不在前夫的考虑范围内，两人的角色和分工一直没有发生本质的改变：

> 我就觉得好像走不开，家里一大摊子事情都得管着。我要完全丢给他，好像还不放心。他好像随时可以出门，想应酬就应酬，晚上很晚都不回来，想出差就出差，要干吗、要走几天，都觉得没问题的。我让他少应酬，多管管女儿功课，他又会说：离都离婚了，你凭什么管我？好像我就是他妈，无论怎么样我都应该帮他。

> 我也想离家出走几天，想去哪个地方待上一个星期再回来，我也想让他不要加班了，就好好管孩子吃喝、管上学、管作业，但我觉得自己就是放不开。而且我妈在家，我要走的话，他肯定还是会依赖我妈妈。

离婚让晓雪在法律意义上重获单身的自由，仿佛从此可以拥有海阔天空。事实上，她一次也没有使用过这样的自由，因为她既需要工作来保持独立生活的能力，在经济意义上掌控自己的人生，又需要关注和回应孩子们。尽管女儿平时和爸爸住在一起，但她会在心里不时地提醒自己，不能因为离婚就把女儿都推给爸爸，还是要尽量和从前一样照顾她，关心她。上野千鹤子在《父权制与资本主义》一书中也指出，"女性背负着百分之百的家庭责任（家务、育儿劳动），同时还要外出工作。女性的双重角色（dual role），意味着双重负担（dual burden）。"[1]残酷的是，即使婚姻状况发生了质的改变，母性的双重负担依然难以卸下，甚至还因此加重。

晓雪告诉我，离婚三年多来，前夫向她提出过几次复婚，但她始终没有答应，主要是她对前夫对于家庭的投入程度依然心存忧虑，担心自己两次踏入同一条河流，重蹈覆辙，再度陷入无尽的争吵中。她不会为了填写个人信息时候在"已婚"一栏打勾，而在现实中委屈生活，在她心中，复婚不应该是潦草而随意的，而是相当于重新择偶，重新恋爱。她需要看到前夫有了明显改进才愿意进一步考虑未来。她语气笃定地对我说："现在话语权在我这里，想

---

[1]　上野千鹤子:《父权制与资本主义》，第183页。

复婚（的话），他必须要把我重新追回去。"

"对一定要有很完美的家庭，没有特别的执念"

　　立雯，45 岁，在上海一家外企从事人力资源工作，五年前离婚，带着刚满 8 岁的女儿和父母共同生活。离婚是她主动做出的人生选择，回忆起当时结婚的状态，她用了"仓促"两个字来形容。她告诉我，自己好像一直没有体验过"很心动、很和谐的关系"。33 岁时，立雯在一个偶然的场合遇到了前夫，两人当时都到了谈婚论嫁的年纪，从相识到进入婚姻，用了不到一年的时间。这样的匆忙似乎为他们的关系定下了基调，以至于两人在同一屋檐下生活了很长一段时间后，依然"磨合得不是很好"。她说结婚第三年时，自己第一次动了离婚的念头：

　　　　我当时有两个选择。一个是，我离婚，无孩，再找一个人生孩子。当时我已经 35（岁）了，有生理年龄限制的问题。我不是要不要孩子都无所谓的那种，我是很明确地想要孩子，那就意味着要在 40 岁之前把这个事情完成了，离了婚之后再找一个愿意（一起）生孩子的人，就觉得难度很大。离了婚以后，有生育的压力，可能就会处于一种很焦虑的心态，在这种心态下，也不见得能找到真的很好的伴侣，我没有这个信心。第二个选择是，如果生好了以后再离婚，反而选择更多，有合适的男朋友就谈一谈，不一定再结婚。如果真的遇到很好很合适的人，再结婚也可以。这样会比没有孩子的情况下离了婚，急于找一个人完成生育指标，要好很多。

我怀孕之前，就很想要一个女儿，因为我觉得万一要离婚的话，他们家是不会争女儿的。如果是儿子他们肯定就会争，他们家是山东人，还是比较重男轻女的。

立雯在这段关系中没有把自己当作客体，从而受制于另一个主体，让自己的一切都围绕着对方来进行。她把在这段婚姻里的去留选项，都抓在自己手上。法国哲学家萨特（Jean-Paul Sartre）曾说过，人是自由的动物，人的存在是先于本质的，本质是什么，不是天注定的，而是取决于我们怎么活。立雯面临的便是选择"怎么活"。波伏瓦在《第二性》中对缺乏自我意识的正确认知的女性，有过这样的批判："女人自己也承认，这个世界是属于男性的，正是男人塑造了它，支配了它，今天仍然在统治它；至于她，她不认为自己对它负有责任；可以理解，她是低一等的、从属的……她封闭在自己的肉体和住宅中，面对确定目的与价值、长着人面的神，认为自己是被动的。"[1]立雯恰恰站在了被动的对立面，之所以能够在两种选择之中考量和权衡，是因为她知道可以保证自己拥有主动改变、进退自由的能力，而不是活在一些世俗的界定和限制里，像一片落进小溪里的树叶，随波逐流。

女儿在盼望中出生，呱呱坠地的那一刻，立雯感受到了过去从未有过的安宁和美好。生孩子之前她经常出差，休假时约上闺蜜一起游山玩水。她描述自己当时的状态是，"能享受工作，也很喜欢旅行，但是停下来的时候，又好像一下子会有点空虚"。孩子出生那一年，她刚过 37 岁的

---

[1]　西蒙娜·德·波伏瓦：《第二性》，第 442 页。

生日，是身边朋友中最晚当母亲的。她格外珍惜"中年得女"，小生命的到来让她拥有了前所未有的丰盈体验。从月子里开始，她请了一个住家保姆，帮忙一起照料宝宝、打理家务。她曾期待前夫能在当父亲后有所变化，比如积极地投入育儿，分担部分家务，却换来对方过于坦率的直言——"改变不了自己，也不想做出什么改变"。她无法感受到对方的情感支持，因此更加明确了心意——不希望在一段缺乏感情基础的婚姻里丧偶式育儿。她认定不可能指望一个男人去改变，也不想过这一辈子一眼望到头的生活，于是主动提出离婚。

由于婚姻内财务一直各自独立，所以没有任何财产分割的问题。双方很快达成一致，给这段婚姻画上了一个果决的句号，当时3岁不到的女儿交由立雯来抚养。她告诉我："可能我自己的原生家庭很幸福，所以对一定要有很完美的家庭，没有特别的执念。"这也是她下定决心独自抚养女儿的重要内心支持。离婚后，情绪上少了许多内耗，她反而感到释然和自在，对女儿的教育也能更加听从内心的主意，她坦诚地做了一番对比：

我觉得如果真的是一个很给力的爸爸的话，可能（离婚后）妈妈一个人带娃还是挺辛苦的，会感觉一下子缺少一个能扛事的肩膀。但像我们之前的那种情况，我就不觉得离婚和不离婚有很大的分别。我们的爸爸以前在带娃上就不太能贡献得上什么力量，他能做的、不能做的，我和保姆都能搞定。而且原来在生活中，我得经常去安抚他各种不满的情绪，给他排解，还时不时产生一些矛盾，干扰我的情绪。

　　离婚的好处是，我教育女儿的时候，就只有一种声音存在，我不用跟人有分歧，也不用吵架，我决定了就拍板了，也不用跟别人再商量。

没必要营造一种幸福原生家庭的假象

　　离婚前一直是立雯在家陪伴女儿的时间更多，所以离婚初期，对于尚幼小的女儿来说，并没有因为有一天爸爸从家里出去而产生巨大的失落感。女儿上小学后，才意识到自己和其他孩子有所不同，爸爸不会出现在她的学校里。

有一天，女儿问起："别的小朋友都是跟爸爸生活在一起的，为什么我就不是呢？"立雯早就知道，这一天终归会到来，于是选择实话实说："因为爸爸和妈妈离婚了，所以分开住了，我们还是很爱你，对你的感情不会变。"在她看来，如果父母感情不和，经常吵架，甚或暴力相向，小孩一定会敏感地觉察到。与其遮遮掩掩，不如早点呈现真实的一面，让女儿了解生活中发生的变化，不一定是坏事，和其他同学的家庭不一样，也并不是一道不可逾越的坎。于是，女儿和她之间发生了这样一番对话：

女儿：为什么你会和爸爸离婚？

立雯：因为我们俩之间性格差异很大。

女儿：你们怎么结婚之前没有发现？

立雯：因为我们俩婚前了解不够，一直是异地，没有真正朝夕相处过，然后又很短时间就结婚了。

女儿：那将来我找老公一定要跟他生活一段时间，多多了解以后才跟他结婚。

立雯听后忍俊不禁，又感到欣慰："没想到，她对我们

（离婚）的事情，比想象中接受度更高。"这也让她更加确定，作为母亲，她有权利将自己的情感需求放在首位，如果感情明明已经破裂，也就没有必要为了孩子刻意营造一种幸福原生家庭的假象。如果能够想清楚，一段婚姻走不下去不是妈妈一个人的问题，选择离婚也是双方在权衡所有利弊之后做出的成熟决定，以比较平和、宽容的心态看待感情破裂，并且为以后的新生活做好规划，那就可以让孩子坦然接受和面对家庭的变故，自己也能避免落入"内疚式育儿"的陷阱中。立雯也曾担心过自己的婚姻状态是否会对小孩造成困扰，长期在单亲环境下长大的女儿是否会出现性格上的明显短板，比如懦弱、胆小……后来让她从这些担心中解脱出来并感到释然的原因是，女儿的原生家庭有所缺失是既成的事实，而望向四周，身边那些在婚姻里的中年朋友，夫妻之间也各有各的烦扰和问题，不存在完美的夫妻关系和父母。身为独自抚养孩子的单亲妈妈，她相信，如果妈妈能把自己看成是可以控制局面而非受牵制的一方，坦然接受离婚带来的各种影响，那么孩子成长中可能会出现的问题也不会成为不可逆转的短板，她有信心能和女儿一起面对未来的种种变数：

如果爸爸还在家里，可能会有其他问题。现在比较好的一点是，女儿不会再面对我们的争吵。我对女儿说：不管在什么样的情况下，你遇到多大的问题，关键是拥有一种能够想通的能力，如果你都能够想通，那你的生活还是可以很好地运转下去。我觉得培养小朋友这种能力还挺重要的。现在很多小朋友一遇到问题，抑郁了、跳楼了什么的。我一直希望女儿遇到问题，能心态好一点，多看好的一面、积极的一面。

立雯承认，独自抚养女儿需要更多的时间和精力，自己的职业发展因此受到难以回避的影响。离婚后，她向上司坦诚了自己的婚姻状况，并得到了对方的理解。她从原先部门负责人的位置上主动退下来，接受调动，去了另一个工作节奏相对轻松的部门，方便准时下班回家陪伴女儿。她在这家公司已经做了十多年的时间，有了还算扎实的累积，经济上能做到独立，即使未来的薪水不再有上升空间，也在她的预设范围之内。

养育女儿花费了她大量的时间和金钱，满足感和成就感也始终充盈着内心。女儿由于钢琴特长被选入学校乐团，她为之自豪。每个周末女儿上钢琴课和围棋课的时候，她自认为是一名合格的"旁听生"，跟着学懂了五线谱、指法、棋谱。陪伴小孩成长的过程中，她感到自己也一直在吸收以前没有机会学习的新知识："要是我有一天失业了，可以去当个钢琴陪练。"她将大部分收入都投注在女儿的教育上，已经好几年没有给自己添新衣、买新包，放弃了一些曾经习以为常的消费，比如美容、出国旅行等等。周围总是有人和她说：你一个人带孩子应该很不容易。在她的观念里，无论婚姻状态如何，做母亲本身就是一件难言容易的事情，自己并未感到独自抚养女儿就特别艰难，需要被额外施以同情。每次听到亲戚朋友做出这样的评价，她都会笑着回应："一个人带娃整体还是挺好的，没有想的那么累。做妈妈是很辛苦，但没必要去夸大这份辛苦。"

在访谈过程中，我可以明显感受到立雯对单亲妈妈这一身份的大方接纳。她将离婚视为人生选项之一，而不是不可挽回的失败——这样的意识转变帮助她较快地调节好情绪，适应并驾驭单亲家庭生活。离婚后，她依然能平和地与前夫交往，让小孩感受到，爸爸一直在自己的生活里出现，父爱并不会随着父母的分开而消失。有时候，女儿会去爸爸家里过周末，或是一起旅行。她告诉我，"虽然不住在一起，但女儿每次见到爸爸还是会开心地撒娇，有时候会玩到不想回来，父女的血缘是分不开的。"

恢复单身后，立雯曾经交往过一任男友，最终还是因为一些原因分开了。她说自己不会再轻率地进入一段婚姻，但是依然会认真地对待每一段关系；至于再婚，她认为需要考虑的因素太多，而在她看来，婚姻并不是一件人人必须要完成的事情。她尝试过，结束了，便成为一段过往的人生经历。眼下最重要的是孩子的成长教育。女儿读小学后，她整日忙碌于接送、陪读，专注过好母女的二人世界，自认暂时没有额外的精力去经营一段亲密关系。和异性比起来，她现在更享受同性之间的友谊和互帮互助。她和女儿几个同学的妈妈相处愉快，假期里会聚会，一起组织短途旅行。她还有一个在外地工作的发小，两人经常一起分享读到的好文章、听到的好音乐。她感慨，到了这个年纪能拥有一个这样的朋友很难得，彼此之间从不聊工作、孩子、伴侣，完全只聊自己真正感兴趣的事情。比如，两人最近都在读林语堂的《苏东坡传》：

上学读书的时候，我就很喜欢苏东坡的词，还会和同学争论他到底是属于婉约派还是豪放派。我以前很喜欢他的"十年生死两茫茫"，现在更喜欢一些豁达的词，"一蓑烟雨任平生"……"也无风雨也无晴"。

一项调查数据显示，中国现有的单亲妈妈预估至少达到 2000 万，这是一个非常庞大的群体，其中超过六成面临较大的经济压力。她们中的一些为了抚养孩子长大，兼职多份工作，还有一些苦于没有找到职业方向，陷入长时间的迷茫与无助中亟需社会公共系统的支持和帮助，比如公益心理咨询、职业规划指导、社区定点帮扶等等。[1]

上述三位单亲妈妈都来自城市的中产阶层，具有良好的教育背景，拥有稳定的工作，也没有为经济问题过多的发愁，但她们依然面临工作和育儿的矛盾，需要在两者之间艰难平衡，这也是单亲妈妈普遍面临的难题。由于社会舆论的压力，一些单亲妈妈不愿意公开她们的身份，认为这是不被主流文化所接受的。她们会对亲友隐瞒婚姻现况，

---

[1] 中国婚姻家庭研究会、中国妇女发展基金会、广东省唯品会慈善基金会：《十城市单亲妈妈生活状况及需求调研报告》，2019 年 5 月。

或避谈曾经的配偶。她们担心孩子被其他同学知道自己来自单亲家庭后，容易受到排挤或是招来另眼看待，同时也担心孩子因为缺少父亲的陪伴而出现性格上的缺陷。离婚后，她们都成了孩子生活中最重要的人，在日常照顾和遇到困难时，求助的对象通常是自己的父母，从而在经济上、精神上得到帮扶和支持。也有一些单亲妈妈大方接受独自抚养孩子的状态，将单亲家庭视为一种全新的生活方式，而非命运的急转直下，她们感到在生活中终于可以"自己说了算"，反而比从前在婚姻里更有掌控感，这种内在力量的积聚也能帮助她们厘清母职、职业发展、个人情感和价值需求的关系。

如果说成为母亲是女性成长的一次蜕变的话，那么出于各种原因独自抚养孩子的单亲妈妈，可能会经历更多的困苦与挣扎。在根据真人真事改编的好莱坞电影《永不妥协》(*Erin Brockovich*) 中，茱莉亚·罗伯茨 (Julia Roberts) 饰演了一位愈挫愈勇的单亲妈妈埃琳 (Erin)，从事业和生活的低谷中爬出，从全职妈妈成长为一名律师，给予泥沼般的过往以有力一击。作为一位选美皇后，她曾以为靠着闪耀的皇冠就可以过上梦想中的生活。在失婚两次、成为三个孩子的单身母亲后，埃琳没有向生活妥协，而是从支离破碎的原有社会关系网中脱嵌出一个新的自我。她的一段台词让人印象深刻："我不会放弃现在的工作，它使我第一次感到了被人尊重的感觉。当我到他们中间，他们都不开口，他们在等我说话……"

很多人认为电影通常都是幸福的结局，而现实总是由一道又一道的关卡组成，大多数普通女性可能不会经历电影里如此大起大落的戏剧化人生。离婚后，她们通常需要一段时间来挣脱一些不必要的心理枷锁，接纳单亲的身份，和孩子成为一个共同体开始新生活。她们向外界求助的声音需要被听见，哪怕再微弱，都是一个母亲在尝试和社会连接，都是她们下定决心之后的"永不妥协"。

第五章

全职妈妈：没有第二个选择？

她们曾经有一份能赚取薪水、实现职业理想的工作；她们曾经每天早上在衣橱前踟蹰，穿哪一件衬衫好让自己看起来富有亲和力又不可阻挡；她们曾经期待和其他男同事一样，努力工作，抵达职场上想要去的地方。而现在，她们每天身兼数职，却没有任何薪水；她们将过往的职业装堆在衣橱的角落里，常常蹬起一双跑鞋就去追孩子；在日日夜夜的忙碌中，她们假装忘记了什么是职业理想，当下的生活似乎即是最好的安排；她们为了妻子和妈妈的身份需要，辞去工作，结果发现家庭也不是最后的避风港，充满了不可为外人道的压力，以及不知何处安放的自我。

"孩子 3 岁之前由母亲照料，会更加健康地成长。"这一观点的影响力非常之深远。它并不仅仅是教育界的倡议，更是我们的日常规训：母亲对女儿、婆婆对儿媳、丈夫对妻子、亲戚邻居对新手妈妈……在各种场合都可以听到类似的话，也让很多女性因为这个魔咒而在某种程度上失去了自由。访谈中，不少全职妈妈坦诚自己的焦虑：如果选择工作，会担心孩子；而选择家庭，又担心失去和社会的多维度连接，害怕母职成为一座将外部世界隔离开的围墙。为什么今天的女性在看似可以选择的背后，会有如此之多的左右为难、进退维谷？当全职妈妈们日复一日地将家庭运转下去，她们正努力重建自我身份的认同，期待着被看见。

"从来没有想过会变成一个全职妈妈"

一个周一的下午，我在北京西城区的一间咖啡店约见了吴思。白天都是她的个人时间。下午4点后去幼儿园接儿子放学回家，做饭、吃晚餐、陪玩、帮忙洗漱、哄睡……这是典型的全职妈妈的日常生活。在我询问她有关母职的问题前，她向我讲述了这样一个梦：

大概从十几岁、青春期的时候，一直到 20 多岁，每隔一段时间会做一个重复的梦：我站在一个大大的教室中央，周围全是圆弧形的椅子，一圈又一圈，都高过自己，抬头看四周，感到自己格外渺小，好像是困在了高高的椅子中间，不管怎么样，都找不到出口。从梦里醒来，有一种强烈的压迫感和焦虑感。

吴思把这个梦归因为原生家庭带来的影响，童年之于她的成长过程，就像漂浮在海洋里的冰山一样，露出水面的仅是一角，另有八九成的体积在海水表面以下，庞大而沉默。她成年后付出的所有努力，包括成为妻子和母亲后多重身份的转变与叠加，都在帮助她丈量这座冰山下隐藏的答案。

吴思出生于南方的一座小城，6 岁时父母离异，她便跟随母亲生活，成了别人口中的"单亲家庭小孩"。父亲有心理问题，离婚后没有再正式工作过，不仅断了给母女俩的抚养费，也几乎自此从她们的生活里消失。父母的离异，对于年幼的她来说，意味着童年的被迫结束。从那时候起，"懂事""乖巧"都写在了她学校成绩手册的评语里。小时候看到其他小朋友的三口之家，她内心总是充满羡慕。从那时起，她便希望自己将来有了孩子以后，能尽最大力量提供一个健康、完整的养育环境。

吴思比大部分同龄人提早经历了与至亲的生离死别。27 岁时，父亲因为重病骤然离世，这次重大的变故让她感到，"很多事情好像都是虚无的，只有人和人之间的亲密感情是可靠且扎实的"。这股念头推动着她迫切想拥有属于自己的血缘连接。父亲去世的第二年，28 岁的吴思和恋爱多年的男友步入婚姻，30 岁那一年，她如愿成为一个小男孩的母亲。当柔软的婴儿依偎在身旁时，她欣喜地感到生命真是不可思议。

产假结束后，吴思曾打算如期返回原先的工作岗位。她说自己"生孩子之前，从来没有想过会变成一个全职妈妈"，一直都对职业发展充满信心和期待。虽然那时工作压力大，但那是她自我认同的重要组成部分，是镶嵌在人生拼图中的一块，拿走了便不再完整。产假快结束时，丈夫换了一份工作，每个月至少需要出差两到三次。在这个节点上，之前白天帮忙照看孩子的保姆突然请辞回老家。眼看快要复工的吴思第一反应是，小孩怎么办？迅速找一个保姆来照顾吗？在她看来，保姆只负责孩子穿衣、吃饭，并不能替代父母去承担教育的职责，尤其随着孩子越来越大，行为习惯的培养更加需要父母的高度参与。而且，童年的经历让她始终有一个执念，希望给予孩子充沛的爱和照顾。因此，她决定成为一个全职妈妈：

孩子还小，也不可能都交给老人。带小孩没日没夜的，万一老人带着带着生病了怎么办？我身边就有这种例子，到时候既要照顾老人，还要照顾小孩，更累。怎么办呢？只有我回家，产假结束后我就直接去办离职手续了。

在那个阶段，履行好母职是她最重要的事，对于回归职场并没有明确的时间节点，只是默认等孩子长大一些再重新找份工作。起初，吴思安心地待在自己选择的角色中。她认为，全职妈妈只是家庭内部的分工。一个去赚钱，另一个照顾家庭，只要夫妻俩达成一致，就不存在谁的工作更伟大或是低人一等，也不应该只是用赚钱的多少来衡量谁对家庭的贡献更大。她把全职妈妈当成一份工作，在家庭中开辟出"第二职场"——把之前在工作中养成的时间管理和规划思维，运用在照顾孩子身上。潜意识里，她也是希望得到家人、丈夫的认可，以证明当初选择的正确。

实际的工作比想象中更琐碎且事无巨细，吴思的手机里不再是和朋友外出聚餐的美食照片或是旅途中遇见的美景，而是婴儿不同角度的照片、从网上搜集的辅食菜单。她根据不同的月龄阶段制订出饮食计划，标注出每一餐、每一种食材所需的分量；她还列了一张小孩从早到晚的时间表，什么时候喝奶、睡觉、出门玩耍、早教活动……一切都安排周全。她的时间被调整成"婴儿时间"，睡眠被切成碎片。孩子进入长牙期后，时常夜醒、哭闹，像一只不知所措的小兽，需要她半夜爬起来安抚、哄睡。因此，她晚上也不敢睡得太沉，一有动静，就本能地起身看看旁边婴儿床里的动静。全职妈妈的身份，让她在潜移默化中接受了男主外、女主内的传统性别分工，也让她在高强度履行母职方面一路狂奔。

由于丈夫工作忙碌且经常不在家，儿子和爸爸接触的时间比较少，凡事只认准妈妈。有一天半夜，儿子醒了，不管如何哄睡都不成功，吴思只能一直把他抱在手上，在房间里来回踱步。小孩仿佛在黑夜里装上了敏锐的雷达，一旦发现换成了爸爸，立刻发出本能的嘹亮哭声，没有一丝停止的意思，直至再回到妈妈怀里，辨认出熟悉的味道，才能安静下来。为了不打扰邻居，吴思只能一连抱上几个小时，折腾到后半夜，才勉强合一下眼皮，一大早又爬起来开始一天的忙碌……类似经历重复无数次后，她充分认识到，全职妈妈是一份从早到晚、没有下班时间、没有年假的工作。与此同时，她敏感地发现外界对自己的评价和期待逐渐发生了转变：

孩子 1 岁多的时候，我想过是不是出去做点兼职，主要是害怕自己被淘汰了。有一次全家一起吃饭的时候，我随口提起，结果婆婆直接在饭桌上说：你现在只要把孩子带好，像你这样结婚生了孩子的，单位也不会再把什么重要的工作交给你……言下之意是，现在别想工作的事情了，好好带孩子，做个贤妻良母就行了。

听到这个我当时挺震惊的，因为我觉得我婆婆在同龄人中，算是观念还比较开放的，平时也不太管我们夫妻的事情。没想到她当着我的面，能说出这种话来。

还有一个女性朋友看我全职在家时间长了，就劝我：反正你不上班，你老公赚钱养家，不如再生个二胎吧。她说的时候口气特别轻松，我一下就噎住了，不知道怎么回她。

在婆婆和朋友的话语间，吴思惊讶地发现，原来自己已经被钉在全职妈妈这个看起来充满爱和奉献的角色上，从此人生内容只有生孩子、带孩子，生完一个再追一个，作为女性的价值好像也仅剩这些，其他的诸如工作、兴趣爱好、个体的成长和发展等等，都可以为此让道。几乎可以这样理解：既然做出了成为全职妈妈这个选择，其他种种就都成了非必要，烦琐重复的育儿事务也被视为理所当然——这样普遍的社会认知，让很多女性在退回家庭后，怀抱着自责和内疚，萌生与社会脱节的担忧，怕被人看作整日在家碌碌无为，年纪轻轻只做一些简单的劳动，缺乏价值。

近两年引起广泛讨论的韩国小说《82年生的金智英》，

就讲述了一位普通家庭主妇的故事。表面上，金智英衣食无忧，女儿乖巧可爱，全职妈妈的生活也得到了丈夫的支持。但在美满生活之下，她的内心早已产生强烈的怀疑：在贤妻、妈妈、儿媳的角色之外，自己究竟是谁？得了抑郁症的她"感觉自己仿佛站在迷宫的中央，明明一直都在脚踏实地找寻出口，却发现怎么都走不到道路的尽头"。金智英的困境吻合了很多女性的现实，从小被教育要乖巧、懂事的她们，成年后出于家庭需要和母性本能，放下职业理想，回归家庭，全力付出。看似主动选择的背后是社会对性别分工的默认，使得女性在没有自我意识的情况下，把永远以孩子、家庭为优先的角色设定套在自己身上，在丈夫、小孩、家人面前，藏起所有的脆弱和梦想，成了一个不折不扣的隐形人。吴思恰好也读过这本小说，在金智英身上找到了很多共鸣，她告诉我：

> 以前觉得很多事情都是理所当然，但后来越来越发现，很多时候对女性的期待也好，要求也好，都来自一直以来的教育，比如女的要顾家啊，带好小孩啊，帮助老公啊。如果自己不清醒一点，很容易被带跑，

等到痛苦的时候，可能还不知道问题是什么。就像金智英，一直以来都很努力地照顾家里，到头来发现从一开始这个迷宫是有 bug（程序错误、故障）的，或者可能就没有设置出口，只能一直在里面打转。

英国学者沙尼·奥加德写作《回归家庭？》一书时发现，那些放弃了远大职业前景、成为全职家庭主妇的女性，并没有得到理想的生活，家庭也没有成为其安全、温柔的避风港。无论曾经是一个怎样的女性，她都自觉必须和母亲的身份合而为一，尤其是全职妈妈，更是常常在不知不觉中容忍了丈夫投身事业、自己退回家庭这种几乎完全分隔的安排，将照料孩子看作一项随时待命、长期作战的任务，而在经济上依赖丈夫的贡献。原本，吴思也打算照着这样的故事线发展下去，但来自婆婆和朋友的评价，还有金智英式的迷宫，唤醒了她：如果和母亲的身份一直绑定在一起，只是围绕着孩子的人生而转，这是自己想要的人生吗？长时间和孩子待在一起，每天的生活圈子也只有孩子、小区里一起带娃的老人，她总是一遍遍地与他们交流着同样的话题，考虑的也总是孩子今天吃什么，大便如何，睡得怎样。她迫切地需要成年人之间的交流，而不是这样无止境地搁浅在家庭生活里，仅仅做丈夫背后的贤妻良母。

一次温柔的提醒

在吴思决定向外探索，比如尝试做一些时间灵活的兼职时，她的身体发出了信号，持续的胃痛袭来。起初她以为只是没有按时吃饭所致，直到在一次例行体检中，医生告诉她："赶紧安排住院检查，不排除是恶性肿瘤的可能。"听到的一刹那，她心里重重一沉，从医院回家的路上，眼泪止不住地流下来。如果真是最糟糕的情况发生，孩子怎么办？谁来陪他长大？等待检查和结果的时间，是人生中最漫长的一周，她做了最坏的打算来迎接。

我查了很多关于这个病的资料，做医生的朋友也安慰我，就算是恶性的，现在治愈率也很高，不用担心。但我还是忍不住掉了很多眼泪，和我老公两人在家里躲着儿子，抱头痛哭。后来去医院做了穿刺检查，几天后，医生告诉我，是良性的，只是一个比较复杂的炎症，需要至少半年的时间治疗、康复。听到"良性"的那一刻，后面的话都忽略不计了，这是听过最好的一个消息，没有什么比这个更好的消息了！

吴思将这一场虚惊看作生命中一次温柔的提醒，疾病和疼痛好像是一条分割线，让她看见了自己的举步维艰："我不想做一个被人家觉得只会生小孩、带小孩的全职妈妈，但心里又放不下家庭，放不下小孩。"不论是往前一步，还是原地踏步，她都感觉自己被牢牢卡在母职中。身为一个女儿、一个妻子、一个妈妈，在这些关系中，吴思过去总是尽量乖巧听话。她选择了做全职妈妈，作为小孩24小时的看护者，也会忍不住把自己和"妈妈不能出错"的标准捆绑在一起。她希望在对孩子的日常起居照顾、早期教育等方面尽最大努力，才对得起全职妈妈这份工作。人或许最容易被自我困住，很难分清哪个是社会的要求，哪个是自己的需求。只有先分清楚，才能做出取舍。她想知道，究竟应该为自己而活，还是活在他人的期待和评价里？是活在弥补过去的遗憾里，还是当下的选择里？她渴望自己的困境被另一半看见，期待丈夫能主动调整工作节奏，多分配一些时间、精力给家庭。她畅想着像丈夫一样，即使有了孩子，也能一直理直气壮、毫不犹豫地去追逐职业理想。

如果做妈妈的体验不只有幸福和满足，而是同时糅杂了沮丧、愤怒、失落等其他情绪，那么母职也不应当成为一种对女性的单一、片面的美化，它的复杂性值得被重新审视。即使一些女性踏出了这一步，看起来甘于躲藏在这个身份之后，但事实上，她们中的很多人始终无法从中找到真正的人生价值，或许还在内心深处发出只有自己听得见的声音："我啊，其实不适合做家庭主妇。"进一步而言，全职妈妈的另一层隐含身份是全职太太，这两个身份像扭结一样缠绕在一些女性身上。沙尼·奥加德指出："要把女性陈述中母亲角色的部分同妻子角色的部分分割开来比较难办，因为两者在她们的生活中是纠缠在一起的……"[1] "虽然如今母职的文化再现明显比过去更加多样化了，既容许出现不符合异性恋规范的母亲形象，也允许

---

[1]　沙尼·奥加德：《回归家庭？》，第145页。

表达从前被视为禁忌的感受和经历，但（常规的）母亲和母职仍占据和主导着大众的想象。政策和媒体告诉我们，异性恋婚姻是健康社会的基石，而照料家人主要是女性的任务。"[1]

吴思坦言，在婚姻中，妻子或丈夫都不能百分百地做从前的自己。任何一方通过压抑个人需求来成全另一方，对一段长期关系而言，都是不公平的。过去她考虑问题时，总是从家庭的角度出发，主动退一步。而现在她认为，一个家庭的幸福不应该只是建立在妻子的牺牲上，如果一段关系里需要妥协，也应该是双向的：

> 以前觉得说到妥协是负面的、消极的，你没办法、你软弱、你无能才会妥协。但现在觉得妥协在夫妻之间是个中性词，每个人都要让步一些，不然日子过不下去。（笑）妥协肯定不是女性单方面的，男人做一个好丈夫、好爸爸，也需要有妥协，舍弃 A，付出 B。
>
> 我以前看他带娃笨手笨脚的，总是叹口气说：算

---

[1]　沙尼·奥加德：《回归家庭？》，第 171 页。

了，还是我来吧。现在觉得就是应该多给他一些机会。夫妻之间没有什么不好意思的，太客气了，压抑自己，累病了，也换不来什么。

电影《一一》里有个叫简洋洋的小男孩，喜欢拿着照相机去拍别人的后脑勺，把照片洗出来后告诉别人："因为你看不到，所以我才拍给你看啊。"如果不借助外力，每个人只能看到部分的自己。我们因为各种关系，得以进入"他者"视角，重新认识和发现自己。由于童年的家庭变故，吴思经常做那个本章开头提到的梦。而经历了父亲去世、成为母亲，以及一场恶疾的虚惊之后，她渐渐感到自己不是微小而无力的，不用总是待在乖巧懂事的设定里。一个孩子、一个家庭的幸福，也不是必须依靠一个妻子、一个母亲的牺牲和奉献来达成。

吴思选择将履行母职过程中所遭遇的困境，延伸为夫妻两人需要共同面对的难题。她愈来愈明确，要让另一半共同承担育儿责任，一起合作把"带孩子"这个项目完成好。以婚姻为中心，她对原生家庭、孩子、工作进行了重新的定义。她从前没有认识到，这之间存在着隐秘的牵扯，以及无法避免的交集。生活有时好像一团又乱又难打理的毛线，没有人可以凭借一己之力找出线头来。习惯于在家庭中兢兢业业的女性，格外需要把自己从中解放出来，以个体的身份和需求为起点，重新在这些关系里找到位置，获得真正意义上的平等相待和理解。

"我没有第二个选择"

在一次朋友举办的聚会中，我认识了小熊。她皮肤白皙、大眼睛、身材修长，是很多人见了都会忍不住赞叹一声的那种漂亮。尽管是第一次见面，热心的她仍和我分享了很多有关小孩养育的经验。我们交换了联系方式，不时会收到一些她认为有帮助的育儿资讯，对当时还是新手妈妈的我来说非常受益。

大学毕业两年后，小熊相亲遇见了现在的丈夫，尽管双方家庭背景相差比较大——她来自二线城市的中产家庭，对方则出生于农村——但她觉得这并不是问题，两人之间最重要的是价值观相似、沟通无障碍。结婚五年后，孩子在计划之中到来。在排除了一些不可能的选项后，她顺理成章地成了一个全职妈妈：

　　我妈妈在外地做生意，是不可能放弃那边的生活和工作来帮我的。然后我婆婆是乡下的，她一直不习惯住在城市里，我知道也不可能完全把小孩交给她。我老公是飞行员，有时候飞长途，几天都不一定能回来。育儿嫂的话，也试过，没找到特别满意的。所以我没有第二个选择，只能做全职妈妈。

做妈妈第一年发生的各种变化，给小熊带来了极大的冲击。她告诉我："虽然我认为他（小孩）这个时候可以来了，但生了以后，和我想象的不一样，完全不知道会这么累。"孩子三个多月时，小熊的乳房里长了一个硬结，顽固到无论怎样疏通都没有办法消除。她断断续续发了大半个月的高烧，乳头周围一圈开始化脓，皮肤破裂，痛到几乎不能让衣物贴身。接着是奶水越来越少，突然有一天早晨，她发现自己竟失去了喂奶这个功能。小熊记得那时还是有些凉意的春天，小孩在一旁饿得哇哇大哭，她却因为没有一滴奶水而急得满头大汗，手忙脚乱地给儿子冲奶粉喝。因为之前从来没有接触过奶瓶，宝宝完全不知道该如何吮吸，对小小的他而言，那是质地、气味和口感都陌生的异物。一整天拒绝进食后，宝宝发起了高烧，送去医院检查，医生说："他的一些生理指标都在临界点，如果继续不喝奶的话，只能先依靠输液来维持。"小熊听到后不顾旁人，坐在诊室里自责地哭出声："我从来没觉得（自己）这么无能过。"大约是唤起了某种母子之间的心灵感应，在医院待了半小时后，小孩终于接受了奶瓶，愿意吮吸起来，没有做任何治疗便被带回了家。

对于初为人母的小熊来说，那一次经历是母职考验的开始。比起自己生理上的疼痛，她更加心疼母乳只吃了四个月不到的儿子。每每想到此，她内心都充满愧疚，总觉得自己是一个"好糟糕的妈妈，怎么都照顾不好（他）"。为了早点成为一个所谓合格的母亲，她愈加谨慎地对待"母亲"这份工作，认真阅读各类育儿书籍，严格"照书养"，比如购买仪器时刻监测房间里的温度和湿度，对食材安全特别敏感，给宝宝添加米粉时，前后比较了不下十个品牌的婴儿米粉……而因为忙于照料婴儿，她和丈夫之间的感情发生了明显变化，原本无话不谈的两人，彼此之间开始变得冷漠。琐碎的育儿事务，再加上丈夫忙碌的工作行程，都让他们好像无法再回到从前。

我们两个是爱好完全不一样的人，但（生孩子）之前每天睡觉前可以聊一个多小时，一起看了什么话剧，听了什么音乐会，还有各种对事情的理解，等等。生了小孩以后，他就变得很冷漠，不怎么和我聊天了。有一次在小区里，我去送个玩具给他们。他看到我走过来，话都不说一句，就把小孩递给我，转身离开，跑家里去了。我永远记得这个细节，就觉得我们怎么变成这样了，像机器一样，没有交流了……

我真的没想到生好小孩以后，和以前的生活完全不一样。我好像没有了自我，甚至后悔过生小孩。然后我就发病了，严重的时候，会在家里尖叫、发疯、浑身颤抖，很恐怖。那段时间就觉得人生很灰暗。人家都说，做妈妈了多开心，我那时候一点也没觉得，一直一直地哭。

小熊的母亲曾患抑郁症十多年，眼见女儿这般状态，便建议她先运动，看看情绪问题是否可以有所缓解，如果没有好转的迹象，再去看医生、服药。关键时刻，她的母亲伸出援手，放下手头的生意，从外地赶来帮忙照看小孩，好让她在想出门透气的时候，可以没有后顾之忧。因为及时被发现，介入调整，五个多月以后，小熊的产后抑郁症有了好转。她开始能感知到对小孩的爱是具体而温暖的，不再像个机器人一样，只是出于责任感，从早到晚机械地忙碌。虽然已时隔五年，回忆起这段过往的时候，小熊依然忍不住激动地红了眼眶，泪盈于睫。

我觉得自己像被关进了小黑屋，大概快半年的时间，每天就像行尸走肉一样。直到有一天我运动完，准备收拾东西回家的时候，觉得原来黑黑的房子里，突然间凿出了一道光，照亮了每一个角落。从那时候起，我就知道自己慢慢好转了，开始享受带小孩的过程，有时候约上其他妈妈、小孩一起吃饭，出去旅游。回想起来，那段时间很恐怖。

产后抑郁症对很多新手妈妈来说，是一场隐秘的劫难。当家人的焦点都在新生儿身上时，鲜少有人关心妈妈的情绪。哺乳不顺利带来的压力、产后生理上的各种疼痛、激素水平的变化等等，都可能是造成产后抑郁症的因素。根据中国精神科医师协会统计，产后抑郁症在中国的发病率约为 7.3%—37.4%，出现情绪低落、悲观绝望、烦躁不安这些产后抑郁症状的产妇，比例更是高达50%—70%。[1]奥娜·多纳特在《成为母亲的选择》里指出："人们普遍认为成为母亲除了是为孩子开创新生以外，也是为了给女性的生活开创新的一页。而在过去的几十年内，人们开始认识到母亲身份会使人耗尽所有并失去自我：'虽然挚爱的孩子出生了，但我知道新生的妈妈也失去了某些东西，她们的人生历程变得更为艰难。就某种程度来说，在母亲们对孩子的喜悦之下，她们悄悄地哀悼着先前的一部分自我。'"[2]

小熊亦是因为身份的转变而默默地在心底怀念着从前的那个自己，其间所产生的心理落差，是形成产后抑郁症

---

[1] 转引自曹永梅、任晓娟：《人性化护理对产妇产后焦虑与抑郁评分的影响》，《山西医药杂志》，2019 年第 22 期。

[2] 奥娜·多纳特：《成为母亲的选择》，第 126 页。

的重要原因，却又常常容易被忽视。因为新生儿出生后，亲友们都认为这是一件喜事，没有人，尤其是孩子的母亲应该为此感到哀伤。这也让很多女性为出现抑郁情绪而感到自责，甚至自我洗脑为"这是不合时宜的"。我们常说婴孩从母亲的身体里而来，当脐带被剪断，离开母体的时候，便意味着他／她踏出了独立的第一步。对母亲而言，孩子呱呱坠地来到世界的那一刻，也意味着她们需要和过往的一部分自我悄然挥别，并且勇敢地跨过旧日的身体和灵魂——母亲们需要时间、精力和智慧才能习得这种勇敢，并非天生自有。然而在我们的文化里，人们通常会用"为母则刚"来轻描淡写地消解这一切，似乎并没有给母亲们留有脆弱的空间和时间。

"希望自己能早点立起来"

1950 至 1980 年代，育儿由集体和单位制的形式来承担，并被纳入国家公共职能的一部分。吃"大锅饭"的国企内设有托儿所、幼儿园，大大减轻了城市女职工的负担。

1990 年代市场化改革后，育儿被重新视为私人领域的事务，退回到家庭中完成。育儿开始私人化，成为一个小家庭甚至是母亲一个人的职责。如今越来越多的职场妈妈选择回归家庭，其背后的原因是，熟人亲属和原先的社会支持系统都不复存在，现代化大城市的公共设施和社会系统，比如母婴室、0—3 岁幼儿的托育所，也都缺乏足够完善的支撑，女性只能"责无旁贷"地投入大量个人的时间、金钱、精力，留守在家庭里成为照看孩子的主力。

做全职妈妈的前三年时间里，尽管疲惫，小熊依然觉得这是一项丰富、有挑战性而且充实的工作。孩子上幼儿园后，小熊发现他开始有了自己的小世界，喜欢交朋友、和学校里的老师聊天，对于妈妈的亲密需求也不像小时候那么高了。她乐意看到这样的变化。反观自己，三年全职妈妈的生活让她几乎隔断了和外部的连接。孩子白天不在家后，她开始有时间和空间去思考："我所有的焦虑在自己身上，我总是想，孩子大了，我以后能干吗呢？"

她通过了保险经纪人的执业考试，没想到刚准备上手大干一番，就遇到 2020 年初新冠疫情的暴发。丈夫因为工作关系，留在外地暂时无法回家，她只能独自照顾孩子的生活起居，没有任何帮手。心理和生理的双重疲惫，导致多年的顽疾——甲亢复发了。如影随形的慢性病折磨着身心，睡眠也陷入了不稳定的状态，时常需要靠服药才能入眠，生活变动带来的不确定性包围了她：

　　小孩上学之后，（开始）有各种各样的想法。以前他去踢足球的时候，总是和我说：妈妈你要在旁边陪着我，帮我喊加油。大了一点以后，慢慢他就不需要了，有什么问题会自己去沟通。我一开始还不放心，在旁边看着，后来觉得他挺好的，我没啥事做了。我也希望放手，不想一直把他抓在手里……

　　我不想"鸡娃"，只想"鸡"一"鸡"自己。我觉得我的学习能力还没丢，就去考了保险执照，刚准备认真做一做，疫情来了。我又复发了甲亢，现在也一直在吃药，因为身体，出去工作就变得有很多不确定性……

访谈期间，小熊多次表达希望能够走出家庭、告别全职妈妈这一身份的愿望，除了出于个人成长的迫切需要之外，家庭经济状况的急转直下也是一个关键原因。由于疫情防控的缘故，丈夫所在的民航业受到巨大冲击，收入直线下降，月薪还不够支付每月的房贷，只能先靠积蓄来填补。尽管背后是个人无力改变的大环境，小熊仍然感到自责。她认为是自己一直以来将家庭经济的重担放在丈夫身上，以至于在遇到特殊情况时，连日常生活都变得无法掌控。如果她可以拥有一份长期的工作和收入来帮衬，家庭的抗风险能力应该能够强很多。她向我袒露自己的焦虑：

> 我老公现在赚钱少了，我也不想说他快想办法怎么能去赶紧赚钱。我从来没有想过这个事情，不管（发生）什么事情都是从我自身去找原因的。我就觉得这个事情其实我有责任，我也有自己的问题，把所有的压力都放在他一个人身上。我是比较容易自责的一个人。我希望自己能改变，希望自己能早点立起来。

作为全职妈妈的小熊，不假思索地把自己摆在育儿主力的位置上，同时也期待自己能在居家状态下具备一定的经济能力，这和一些职场妈妈们希望平衡好工作—育儿有着相似的逻辑：全职妈妈为了家庭而牺牲事业，希望能将自己的价值发挥至最大，努力做一个完美、零失误的母亲，长期被封闭在一个叫作"家庭"的密封容器里，又担心自己丧失生产的经济价值；职场妈妈希望兼顾家庭和工作，不想失守任何一块领地，努力做着平衡术，担心自己成为他人眼中"只顾工作、自私的妈妈"。无论选择成为哪一种妈妈，女性都忍不住将个人的价值放在秤上仔细衡量，背后隐含着一个可能很多人不愿意承认却时时会拿出来思量的问题——一个女性究竟价值几何？

进一步而言，当她所有的付出可以被折算成金钱的时候，她为家庭做出了多少具体的贡献？事实上，很少有人意识到，全职妈妈是一项需要多种技能的工作，集保姆、家庭保洁、幼师、厨师、司机等于一体，而妈妈们为此都是无偿奉献，其付出却被严重低估，连全职妈妈本人或许都没有觉察到——她们只是没有出门赚取现金，并不代表没有为家庭创造价值。而一旦婚姻出现任何的波动，若不是女性的原生家庭能够有所支持，由于常年没有工作收入，她们个人更是难以抵御风险。面对逐步滑向"失控"的家庭经济状况，小熊倾向于将问题都归咎在自己身上，迫切期待改变局面。

小熊记得自己刚怀孕时，在一个卖鞋的柜台前，销售人员热情地推荐某双平底鞋，眉飞色舞地向其描述，鞋子多么方便穿着，以后追小孩的时候可以健步如飞。当时的她喜欢打扮漂亮，穿着高跟鞋上班、逛街，听到这番介绍的时候，她完全无法想象今后会过怎样的生活。而在终日以家庭为人生主场之后，她的高跟鞋们被束之高阁，取而代之的是各种轻便耐穿的运动鞋或是平底鞋。有一次为了参加朋友婚礼，她从鞋柜深处翻出一双高跟鞋，才发现长久不穿，因为潮湿和氧化，鞋底已经脱胶，鞋尖上也有了几处破皮的痕迹，只好扔进垃圾桶里。她笑着说："以后只要能出门上班，穿什么鞋子都行。"

访谈半年后，小熊告诉我，她打算去外地和母亲一起做生意，拓宽生活可能性的同时，最重要的是希望能赚到钱，争取帮助家庭渡过经济的难关。回忆起年少时，母亲总是她的坚强后盾。她希望像自己的母亲一样，给孩子提供能力范围内最好的学习条件，在其遇到困难时，做最有力的精神支持，而这一切都必须建立在先把自己"立起来"

的基础之上。她坦言，做母亲是她人生中最正确的决定之一，但也为此付出了比设想中更大的代价。每当身边朋友想要为了孩子退回家庭做全职妈妈时，她总是会劝对方深思熟虑后再做决定："妈妈的人生和孩子一样，都只有一次，能工作，就不要放弃。"

和这个世界上的很多工作一样，全职妈妈在家庭里所付出的努力和贡献往往体现为最后的成果。它的过程则是隐蔽的，不容易被其他人察觉到、感知到。与此同时，全职妈妈每天的时间看似宽松自主，没有领导需要汇报，也不用打卡，实际上，生活的节奏将她们框定在了一个又一个的时间格子中，比如孩子需要几点上学，丈夫必须几点吃上早饭才能准时出门赶地铁，还有家庭的假期活动安排，等等。这些看似简单但实际上对时间掌握能力要求极高的工作，要求女性持续不间断地在不同家庭任务之间熟练切换。这其中的情感劳动、认知劳动，大部分时候都无法向他人诉说。有家庭研究学者曾指出，认知劳动包括预测需求、确定满足需求的选项、做出决策和监控进展。这种工作很繁重，而且对伴侣来说是隐形的，因此成为夫妻冲突的一个常见来源。[1] 认知劳动也是一种性别化现象：女性总体上承担更多，尤其是更多的预测和监控工作。比如体现在买菜上，她首先要了解全家人的口味，其中包含每个人不同的饮食需求，然后确定一些备选项，再决定到底要买什么，最后还要保证这些食材被合理地使用，呈现一桌色香味俱全又富有营养的饭菜来。然而，在社会传统中，这些都属于"妈妈们待在家里本来就要做的事情"，无法引起他人的重视和理解。每一个全职妈妈都好像是"田螺姑娘"，悄无声息地做完所有家务，鲜少被注意到。家，是她们生活的场所，是辛勤又无偿工作的地方，也是她们感到无力、想要逃离去透口气的地方。

在育儿中，很多人可能都笃定地相信"3岁神话"，即孩子如果没有在3岁之前得到母亲无微不至的照料，相较同龄人在心智发育上会迟缓；有些中产母亲则为了下一代的启蒙教育，待在家里直到子女升入理想的学校，将自己对未来的一切期待寄托在孩子身上，保障他们能够拥有世俗意义上的光明未来。很多女性以为等孩子长大后，自己

---

[1] 《学者沈洋：家务不应变成被爱掩盖的无偿劳动》，《澎湃新闻》，2021年2月25日，http://www.thepaper.cn/news Detail_forward_11458534。

完全能够再回归社会。然而，全职妈妈在家里的时间越久，工作经验中断越久，就越难再外出工作。根据 2021 年的《职场妈妈生存状态调查报告》，将近八成的被调查者认为，一旦选择成为全职妈妈，就很难在职场上找回属于自己的一席之地，多数雇主会因为全职妈妈有"很多知识和技能需要更新学习"、可能"跟不上公司 / 工作节奏"、"一孕傻三年"的刻板印象等原因，而不敢给予其机会。[1]

不管是吴思还是小熊，成为全职家庭主妇所付出的代价都远超出她们当初的设想。她们主动牺牲事业，结果体验到了巨大的落差，幸福表象之下是深深的失落。她们面临着这样的矛盾：一方面养育观念仍然视母亲为家长主力，女性为了照顾孩子退回家庭，男性提供家庭的经济支持，似乎成为一个必要且合理的分工安排；另一方面，社会的价值观更看重有偿工作和经济独立，认为照顾和哺育工作是烦琐且不具备太多价值的，全职妈妈的自我价值认同由此被不断削减，经年累月，她们渐渐淡忘在职场上得到尊重和欣赏的时刻，慢慢陷入对自我的怀疑中。当妈妈们认

---

[1] 《职场妈妈生存状态调查报告》，《光明网》，2021 年 5 月 9 日，http:// m.gmw.cn/baijia/2021-05/09/1302281368.html。

识到空间的局限对自我需求的伤害后，她们尝试着让自己的声音被听见，通过借助外力，从互助中得到理解和支持，从本质上改变被卡住的生活。本书第九章会探讨母职履行的多种可能性。

第六章

没完没了的母职

炎夏，36度的高温天，下午4点，北京一所幼儿园门口聚集了等待校门打开的家长们。三位彼此相熟的老年妇女，摇着蒲扇聊着天。一位穿着黑底花裙的老太太先开启了话头："有时候真是不想管他们了，太累！"另外两位连连点头，接上话头："是啊，要不是看他们工作忙不过来，我早就想回老家了。"第一位眼见得到了同伴们的惺惺相惜，一锤定音般地总结道："反正我们就是贴钱贴力气还要看脸色。"话音飘在炎热的空气里，和树上响亮的蝉鸣声奏成现实一曲。我在一旁听到这番对话，内心感受复杂。我自己是隔代育儿的受益者，在初为人母的那几年时间里，如果没有上一辈的帮衬，我的生活可能会愈加手忙脚乱，顾此失彼。但两代人之间的磨合和相处，亦是我在很长一段时间里感到难以理顺的一团乱麻。

年轻一代工作忙碌，成立小家庭后，需要双亲的支持和帮助。很多老人们也将照顾幼小孙辈看作分内之事。他们离开熟悉的生活环境，迁居到子女所在的陌生城市，将小家庭扩展成三代同堂的大家庭，这几乎是中国式育儿的标配。在中国，从古至今，祖辈参与孙辈照料都是一种普遍现象。作为"80后""90后"的独生子女一代深知，若想安心在外工作，需要长辈在育儿中起到关键的"大后方"作用。然而，现实和想象有所不同，隔代育儿呈现出更为复杂的场景。两代人长期身处同一屋檐下，因为观念和生活习惯上的差异，彼此之间存在着既相互需要又"相爱相杀"的两难，围绕育儿的矛盾在家庭中此起彼伏地上演。

对于职场女性而言，在育儿和工作之间感到力不从心的时候，由自己的母亲或是伴侣的母亲帮助承担起部分母职的工作，能让身处夹缝中的她们获得一定的喘息空间。我们看到，女性成为妈妈之后，会继续成为妈妈的妈妈，在两代女性身上，母职逐渐演变为一份没完没了的"终身制"工作。这是一种理所当然的传承，还是女性难以逃脱的困境？

"没有什么界限"

"永不下班的职场妈妈"一章中就职于互联网大厂的咏儿，就是这样一个典型。工作忙碌，再加上和丈夫分隔两地，她常常感到分身乏术，只得让操持家庭的部分责任落在了退休的公婆身上。公公主要负责做饭、打扫等家务活，婆婆则负责照顾、陪伴孩子的相关事务。

咏儿从小家庭环境比较自由，用她的话说是"散养"。她一直享受于这样轻松、少约束的家庭氛围。而咏儿的丈夫自小接受的教养模式是"高标准、严要求"，他也因此有着强烈的秩序感，比如，家里的东西需要分门别类，按照一定的颜色、大小、用途等规则摆放整齐，使用后必须归到原处；做事之前一定会仔细制订好计划，并且按照计划一步步去执行。咏儿直言丈夫"对自己的要求太多、太高了，如果快到某个时间点没有做完一件事，他就会很紧张，所以他有时候也会挺苦恼"。咏儿一直希望女儿可以像自己童年时一样，随性、自由，她明确地表示，"不想让女儿变成第二个我老公"。然而，由于她工作忙碌，老人将女儿的日常照顾任务接棒过去，导致她在孩子教育上并没有太多话语权。她告诉我：

> 我老公的爸爸对很多事情都很有自己的规则和看法，也有比较高的要求，比如我女儿小时候不喜欢穿鞋，他就说绝对不行，一定要穿鞋。我觉得小孩偶尔可以吃一颗糖，只要刷牙就好，他也觉得不行，一颗都不能吃。他觉得冬天的草莓是大棚里长出来的，不太健康，不能给小孩吃。在他眼里，很多事情都是一定要怎么样，或者说一定不能怎么样。我觉得对小孩来讲，框得太死了，（小孩的）活力、活性就没有了。我婆婆什么都听我公公的，基本上都顺着他。

双方在育儿上意见不合，甚至经常持有南辕北辙的观点。比如，咏儿想培养孩子自主进食，不追着喂饭，孩子的爷爷奶奶却坚持认为，孩子自己吃饭会把地板弄脏，收拾需要花费很多功夫，不如等孩子大一些再培养习惯也不迟……几轮争辩后，她觉得自己"实在拗不过他们"，毕竟孩子的日常起居主要由老人负责，如果她提出太多对方没办法接受的意见，只会激化家庭矛盾，也给老一代育儿增加额外的工作量。她想通过引入外力来平衡两代人之间的关系，和丈夫商量请住家保姆或是钟点工，这样既能减轻日常家务的压力，又能释放出一些劳动力来给予女儿更好的陪伴。然而，这个提议遭到双亲的一致反对，给出的理由是为了小家庭考虑：每月房贷的支出压力已经不小，没必要再多出一笔开销。这让咏儿颇感挫败，无奈地说："我和我老公都觉得经济上负担得起，为什么（他们）一定要插手来管呢？"在咏儿看来，无论是生活中的小事，还是涉及家庭事务的某些决定，上一代的深度或过度参与，都让她常常感到无法将事情朝着自己设想的方向推动。尽管已成家立业，也已为人父母，在上一辈的眼里，他们依然是事事需要被指导的"小孩"，她对这种缺乏界限的相处模式既生气又无奈。

　　我觉得老人们实际上是没有什么界限的，哪些是你应该管的，哪些你不应该管。包括家里的陈设什么的，他们都会插手管。他们觉得自己能侵入小孩的任何领域。我和我妈说：你看我回家的时候，也没有管过家里面是怎么装饰的，我也没有跟你说过，什么东西不能放（哪里），我从来没说过，对不对？因为我觉得这是你们的事情。我觉得还是要有一种界限感，但我这么和他们说，他们就是不能（接受），还会觉得：哎哟，你现在长大了，能赚钱了，翅膀就硬了，能跟我这么说话……

咏儿认为，自己和父母之间改善关系的根本是建立界限感，在生活和精神上都保持独立，才能尊重彼此的生活方式。她的理想状态是和丈夫两人带娃，回归简单的三口之家，让双亲从育儿和家务的烦琐中解放出来，过上本该属于他们的退休生活。然而，由于工作忙碌，夫妻又分隔两地，这个念头只是停留在她脑海里的美好愿望而已。目前以他们的状态，与老人同住，两代人在同一屋檐下共同育儿，是暂时难以改变的："不知道怎么调节（矛盾），只能整天靠忙工作来睁一只眼闭一只眼，早出晚归，眼不见也就当没有发生了"。而她非常在意的代际的界限感，是又一道无解的难题。当她和丈夫都没有办法在育儿上付出足够多的时间和精力，必须依靠长辈来帮忙的时候，似乎没有什么底气来要求"他们不管我们的事情"。

咏儿的困境具有普遍性，本该在成家立业后从原生家庭中独立出来，又因为共同抚养下一代而与父母再次深度捆绑在一起，过上了以第三代为核心的大家庭生活。这背后既受到传统文化的影响——中国父母对子女独特而深远的爱，也涉及三个家庭（即男方家、女方家，以及结合的小家庭）的财富和资源延续问题。以人类学教授阎云翔的观点来看，这是"下行式家庭主义"，也可以说是"新家庭主义"的一种表现，即将全家的资源集中在子辈、孙辈身上；下行的资源不仅仅指物质上，更重要的是精神，包括情感和生活意义两方面。父母深度参与子女的家庭，从恋爱对象的挑选，到购房、装修、育儿等等，都促使父母对成年子女的财产、家庭里的大小事务具有一定的话事权。当然他们在享受权利的同时，也付出了大量的时间、精力、金钱等资源，而深受传统性别分工的影响，育儿的具体工作通常都落在祖辈中的女性身上。

时时刻刻紧密绑定的代际关系代替了部分的母职，好处是让女性可以匀出时间和精力去工作，尤其是孩子出生后的三年时间里，这通常是女性在职场上较为黄金的发展阶段。表面上，咏儿们卸下部分母职，和男性一样去追逐职业理想，努力升职加薪；而实际上，她们却时常被两代人共同育儿所产生的种种矛盾所深深困扰，心理上处于进退两难的压力中，很难从"他们"和"我们"中整理出一条界限清晰分明的路径。在此过程中产生的分歧和矛盾，大部分时候又极度依赖女性去寻求理解、妥协以及调和的空间，可以看成是母职的"附加工作"——从小家庭演变到三代人同堂的大家庭，女性身兼数职，在其中扮演的角色更多重、更复杂，让咏儿忍不住倾诉："我一个人要处理好我们夫妻两个（的关系），也要处理好和公婆的关系，有时候真的很累。"母职的内容不仅包含育儿，还需要忙着处理各个家庭成员的情绪、需求，并积极调和其中的关系，而这些隐性的情感劳动总是沉默于家庭生活之中，不容易被察觉。

"她从来没有试过别的人生"

婷婷 34 岁，是两个孩子的妈妈，平时由婆婆帮忙处理家务和育儿相关的工作。她 26 岁那一年结婚，隔年便成为第一个孩子的妈妈，妻子和母亲的身份几乎同时到来，角色的快速转变和叠加，让她不敢有一丝松懈，也进一步增加了两代人共同育儿的难度。在她原先的设想里，婆婆在日常生活中，只是起到辅助、配合的角色。而当长辈进入育儿、家务的具体工作时，她重新审视了两代人之间的观念差异所带来的冲突。

婷婷的婆婆退休前是大学老师，年轻时除了工作以外，几乎所有时间都围绕着孩子。退休之后，她又尽己所能地参与育儿，希望减轻下一代的负担，好让他们可以投入更多精力在事业上。婷婷新婚后不久，她便催着"早点要个孩子，趁着自己还有力气，可以多搭一把手"。婷婷生下第一个孩子后，婆婆认为她年纪太轻，缺乏料理生活、照顾婴儿的基本经验，需要的不只是搭把手，而是手把手地指导她怎样成为一个贤妻良母。起初和婆婆同住时，婷婷总觉得自己身后"像是天天跟着一个教导主任"。

婆婆觉得做家务不仅是把家里收拾了，也是言传身教。有了孩子以后，如果家长乱丢乱扔，以后他

（孩子）的习惯也不会好。她就跟在我身后盯着看我怎么整理孩子的玩具，收拾换洗的脏衣服，我做得不对她就要指出来。比如，要提前买好几天的菜，每天早上想好今天做什么菜，而不是打开冰箱有什么就临时烧什么……我在家里做的所有事情，好像都没有入她的眼，做什么都不对。刚开始我真的很不理解，为什么我好好的生活要变成这样？好几次都被（婆婆）说得气哭了，明明人家都可以随便过过日子，为什么我要这么累？我怎么会找到这么一个婆婆？

另外，在诸多育儿问题上，婷婷和婆婆之间都存在分歧。为了能将两代人共同育儿的模式持续下去，很多时候都是婷婷妥协。尽管因为没能坚持自己的理念而抱有遗憾，但是为了不加深矛盾，也为了缓解婆婆的焦虑，她选择不争执，保持沉默。她印象最深的是：

刚开始给小孩加辅食，我想试一下做手指食物，比如把胡萝卜切成小条给他吃，我婆婆就担心会噎着。她一会儿担心这个东西是不是没煮熟，一会儿担心土豆吃多了是不是会胀气……感觉有时候她比我还要焦虑，如果我明确和她说"不"的话，家里的气氛就会搞得很紧张。后来我放弃了，冲点米糊，做一些简单的，再买一些现成的果泥，这样（孩子）吃了放心，我们大人也少了争吵，反正孩子也就这样慢慢长大了。

在婷婷看来，受过高等教育的婆婆，事实上依然是一个活在旧式传统里的女性："我婆婆对一个儿媳的期待大概就是能带娃、能伺候老公的贤妻良母，因为她们这一代人以前就是这么过来的，觉得做到这些是理所当然，她从来没有试过别的人生……"母职是女性自身和所处大环境共同作用下的产物。女性既被社会规训，同时也参与规训和塑造他人，上一代女性希望把自己的个人生活经验传授于下一代，并且乐于见到母职传统在新一代女性身上得到延续。婷婷内心深处并不认同这样的"传承"，想尝试经历和婆婆不一样的人生。然而，一方面，她常常被代际观念差异带来的冲击所裹挟，另一方面她又清晰地知道，如果想达成人生的一些平衡，比如，在生育两个孩子后继续自己的职业生涯，同时赚取一份可持续的收入，就需要有人和她共同分担母职。在这个过程中，她不仅需要日常生活中的实际帮助和育儿支持，也渴求着两代人之间的相互尊重。婷婷告诉我，在和婆婆共同磨合数年后，这两点逐渐皆能达成——

> 我婆婆带孩子的时候很专注，会一直想办法动脑筋陪着孩子学习、玩，教他数学、认字。还有一点我觉得她做得很好，如果是我定的规则，她就会和我儿子说：妈妈说不能吃，妈妈是不是叫你不要做这件事……虽然她有很多想法和我不同，但在孩子面前，她还是很尊重我的，会主动帮我树立一些权威。

在婷婷看来，"一切都为了孩子好"的信念背后，两代人之间的共同点是母职焦虑。即便是比较富有养育经验、积极投入代际育儿的婆婆，在面对第三代时，依然会担心自己过往的经验和知识不足以承担起相应的责任，并将这样的心理在潜移默化中转化为对儿媳的要求。

> 我婆婆只有养一个孩子的经验，有了孙子、孙女

这两个和她儿子不太一样的孩子以后，她就很紧张、很焦虑，怕自己做得不好，耽误了他们的成长。她对我的很多要求，其实也是她对自己的要求。所以，她说得对的（我）就想一想，说得不对的、不喜欢的、不接受的，我就放一放，回头再说。

婷婷也想过借助外力，比如考虑过把孩子送去专业的托育机构来缓解育儿中所面临的压力和疲累，她也希望能给孩子提供一个更多元化、向外延伸的成长环境。然而类似的外部资源极少，我国 0—3 岁的托育机构严重匮乏。调查显示，目前全国范围内 0—3 岁婴幼儿约 4200 万，但 3 岁以下婴幼儿入托率仅为 5.5% 左右，而发达国家 3 岁以下婴幼儿的入托率则在 25%—55%。[1] 例如，凯特琳·科林斯在《职场妈妈生存报告》一书中，针对瑞典、德国、意大利、美国等多个发达国家的母亲调研后发现，只有瑞典的妈妈认为兼顾工作和孩子并不困难。这背后的关键原因

---

[1] 《国家卫健委：全国 0 至 3 岁婴幼儿中 1/3 托育服务需求比较强烈》，《新华网》，2021 年 7 月 21 日，http://www.xinhuanet.com/politics/2021-07/21/c_1127679834.htm。

之一是瑞典人引以为傲的公立幼托体系："在瑞典，顾家和育儿并非个人私事，而是集体责任。瑞典政府在全国范围内将抚养儿童的成本社会化……这样的幼托体系并不昂贵，相比其他国家，幼托费用对瑞典家庭而言只是很小一部分开支。托儿所的费用根据家长的收入而定，有一个很低的上限，且由政府决定最高收费标准。低收入家庭的孩子参加幼托是免费的。幼托费用的上限是每月1287瑞典克朗（160美元）。家长支付的费用只占一个孩子幼托成本的大约11%，剩余部分都由国家来补足。瑞典政府花在补贴学前儿童服务上的钱甚至超过了整个国家的国防预算。"[1] 放眼全世界，能拥有这样大力的托育支持的国家是少数，美国、日本等大部分国家的妈妈也都需要在经济、情感和体力方面付出高昂的代价，并且更倾向于把育儿当作家庭内部的事，或是把大部分的责任放在自己身上。这也是母职难以真正"外包化"的重要原因之一。

而在中国，0—3岁的托育机构不仅数量少，而且由于是自负盈亏的市场化经营，租金、教师费用等开支高昂，

---

[1] 凯特琳·柯林斯：《职场妈妈生存报告》，第45—51页。

因此整体收费超过了许多家庭可以负担的能力范围。城市里的托育机构平均月收费 3000—4000 元，部分超过 6000元。很多家庭出于经济的考虑，还是选择将育儿任务内部消化。比如，婷婷搜罗了一圈后，发现离家车程 20 分钟内仅有一家经营了五年、口碑也不错的托育机构。她对硬件、师资、教学内容、伙食都颇为满意，但高昂的收费却最终让她望而却步——托育费每月 6400 元，伙食费另外收取1000 余元，如果将两个孩子都送去，包含餐点在内的总费用将"吃掉"她一个人八成多的月薪。丈夫的薪资比她略高一些，但每月还有房贷、车贷、其他日常开销需要支付。在没有外部选项的情况下，似乎只剩下"老人带娃"这唯一的选项。因此，在婷婷看来，婆婆愿意奉献时间、精力甚至金钱，深度参与育儿，对于小家庭的稳固、和睦，是必要且可贵的。

另外，精细化育儿已经逐渐替代传统的体力密集型育儿，这也对母亲的情感投入、养育智慧、时间精力的付出都提出了更高要求。所谓精细化育儿，主要体现在专业育儿知识的学习和实践上，比如分月龄养育，根据孩子个体的差异情况进行调整，等等。这一理念的兴起，与家庭经济模式的转型、亲职价值观的转变密切相关，不断从各个方面要求母亲必须投注全部心力在孩子身上，母职应该负担的责任日益加剧。今天的育儿大环境，尤其是在大城市里，似乎已经不再允许"天生天养"的养育方式。很多女性发现，从孩子的饮食起居、教育内容安排到心理发展，都需要其他家人不同程度、不同形式的参与和配合。这更像是一种团队协作，把一个人的母职扩展成分工更加明确、能够彼此互助的"团队母职"。

婷婷亦深知，孩子的理想照顾者不是只有她一个人，世上不是只有妈妈好，还有爸爸好、奶奶好、姥姥也好……"我也想尽力把孩子带好，但工作事情太多了，我就算把自己榨干了，还是顾不过来，需要（家里）其他人的帮忙。"上一代女性深度参与下一代的育儿工作，和想象中含饴弄孙、尽享天伦之乐不同的是，她们把全身心照料孙辈当作一份责无旁贷的工作，在本该休养身心的年纪却无法真正退休，在情感、经济、时间和精力上的付出程度，等同于将母职再度延续。对于这部分女性而言，母职几乎是终身制的，一旦开启，就仿佛一只陀螺，在一代又一代的身边，旋转不停歇。

"相当于半个妈妈"

我去徐阿姨家里访谈时，她正在打太极。见我到来，她往耳后拢了拢有些凌乱的卷发，一边热情地招呼我在客厅沙发坐下，一边去厨房端来一杯热茶放在我面前。徐阿姨退休前在国企就职，女儿怀孕后，她就开启了三代同住、两代人共同育儿的模式，至今已持续五年多的时间。徐阿姨30多岁时和丈夫离婚，独自抚养女儿长大。母女俩关系融洽，多年来她们都是彼此的重要依靠，她说这也是她能够继续当前生活模式的重要原因。

"第一时间知道我女儿怀孕以后，真的很开心，她有了一个小家庭，我也就放心了。"徐阿姨笑着回忆当时的场景。由于她的女婿工作忙碌，经常出差，她便决定过来帮忙照顾怀孕中的女儿。根据孕期不同阶段所需要的营养，徐阿姨学着烹饪不同的菜色来帮助孕妇进行食补，空闲时，她还会抄写经文，祈祷女儿生产顺利、小宝宝健康平安。她告诉我："这是我那时候唯一的心愿。"

外孙出生后的一个月里，徐阿姨了解到一些有关产后抑郁症的知识，担心初为人母的女儿因为丈夫经常不在身边而产生负面情绪，因此她每天都坚持坐六站公交车去月子中心看望、陪伴女儿，也会在一旁跟着月嫂学习照顾婴儿。回到家后，徐阿姨和女儿进行了明确分工，家务由两人平均分担。育儿的工作则分为早晚两班，起夜喂奶、换尿布的工作主要由女儿来完成，孩子每天五六点醒来后，由徐阿姨带着玩耍。徐阿姨的女儿周周是一名自由职业者，当妈妈后一直居家办公。周周告诉我，正是有了母亲的支持和帮助，她才能够在带娃之余，拨出时间投入自己想要做的事情。孩子的养育细节，比如饮食、睡眠、早教等，大方向都由她来决定。母亲尊重她的育儿理念，并且愿意学习最新的育儿知识，和她一起动手实践。不论是生活上还是精神上的陪伴，为了尽力给予孩子最好的照顾，母亲和她像是一个配合默契的带娃小团队。周周告诉我：

　　儿子很小的时候，半夜都是我起来喂奶、换尿布。早上五六点他起来后，我妈先带他玩一会儿，好让我睡个回笼觉，要不我白天都没有精神。因为我老公经常去外地出差，尤其是小孩1岁以内的时候，他几乎有一半的时间都在外地，有我妈帮我，省了很多力气。我老公说如果家里有外婆在的话，他就很放心。有时候我不在家几天，（儿子）和外婆睡完全没问题，因为平时就给了他很多爱，很多安全感，所以他可能觉得外婆相当于半个妈妈吧。（笑）

周周翻出一个绿色封面的笔记本给我看，上面手绘了细致的表格，记录了小孩从出生开始到1岁左右的奶量、睡眠、排便、辅食添加情况等，密密麻麻地写了大半本。她笑称这是"饲养员工作笔记"，由她和母亲共同完成。她告诉我，她和母亲之间的关系曾经比较像朋友，而在共同育儿的几年时间中，发生了一些微妙的变化。在育儿和家务经验更丰富的徐阿姨看来，女儿"做事毛躁，丢三落四，都当妈的人了，也不知道改改"。而在周周看来，正是母亲包办所有，自己才没有机会成长："反正她觉得自己（做得）最好，那我还做什么？"因为育儿、家务涉及的杂事较多，尤其是两人疲惫不堪时，常会忍不住围绕着一些琐事争吵。周周希望随着小孩逐渐长大，徐阿姨不需要再冲在育儿的第一线，可以卸下身上部分的担子，过上更充实、更有价值感的晚年生活：

> 我妈习惯于无私奉献，我觉得我肯定做不到她这样，尽职尽责对待我孩子的孩子。她特别不能接受我有一点不靠谱，比如我带孩子出去玩掉了个水杯，她就会一直唠叨我。有一次我就对她吼了几句。虽然这样不大好，但我真觉得要表达出我的愤怒来，她才能够去理解。我发了脾气后，她才和我说，她忍不住地唠叨，是因为担心有一天她离开我以后，我没有办法好好照顾自己，所以总是不放心。

徐阿姨将照顾外孙看成"一份有上下班时间的工作"。每天早上只要听到隔壁房间的外孙起床后，徐阿姨描述自己"就会像一根弹簧一样"翻起身来，正式上岗；晚上外孙入睡后，她为了保证第二天能早起，一般会同步熄灯睡觉；除了白天偶尔给几位老友打电话叙旧闲聊之外，她基本没有太多属于个人的休闲时间。如果遇上孩子头疼脑热，她更是格外忧心，觉也睡不踏实。今年65岁的她，患有糖尿病等慢性疾病，忙于照顾外孙的这几年，常常顾不上自己。她内心能够理解女儿体谅的心意，口中却依然坚持"做得动，能帮得上忙（的时候），把带外孙（这件事）做到尽善尽美"。孩子2岁多时，徐阿姨在一次体检中，发现各项身体指标越来越差，她才第一次意识到，自己终有一天会老，无法永远将子女、孙辈的需求排在最前面。

考虑到母亲的身体健康，也为了减轻日常家务的负担，周周雇了一位住家保姆帮忙完成煮饭、打扫卫生等家务。周周和丈夫则履行父母的职责，带孩子出门玩耍、家庭教育等，这让徐阿姨有了更多时间锻炼身体、看电视剧、交友，找回个人的生活，而不是整日埋头于烦琐的家务事中。在周周和丈夫工作忙碌或是需要去外地出差时，徐阿姨会和住家保姆搭档完成照顾外孙、上下学接送等工作。周周告诉我：

> 本来我妈一直不同意请（住家保姆），觉得是浪费钱。但我宁可在其他方面少花一些钱，比如少出去吃饭、少购物，也坚持要家里多一个帮忙的人手。这样我们就都能轻松一些，多点时间陪孩子，自己也能过

得更有价值，工作、看书、锻炼身体、和朋友见面吃饭……我一直觉得家里有老人，孩子不能都让他们来（带），谁带谁知道，太累了。而且家务做多了，琐碎的事情多了，会互相看不惯，本来关系挺融洽，最后搞得都不开心。

周周坦诚地告诉我，以他们家的经济状况，聘请住家保姆并不是一件轻松的事情，但她算过家庭的总账后，依然认为这是一项英明且划算的开支。为此，她宁可不添置新衣，大大减少在外用餐的频率，也要用这种引进"外援"的方式来解决三代人同一屋檐下生活所遇到的种种现实问题，让家庭成员的劳动力得以部分解放。不过，找了住家保姆后，也并不意味着她从此可以当"甩手掌柜"。作为家庭总管，她不但要拆解育儿过程中的一项项细致工作，还要交由对应的人来一一确保完成。当最占据时间和精力的家务被顺利外包出去后，无论是她的母亲，还是她和丈夫，都能更有动力地做自己的事情，陪伴孩子的质量也在一定程度上提高了。经过一年多时间，徐阿姨在女儿小家庭事务的参与上，慢慢过渡到"配合者"的位置。这样便构成了一种所谓的"严母慈祖"的育儿模式。——母亲转变成为育儿的总管，对孩子的发展进行总体的规划和科学的设计，而祖辈则以帮衬的角色在子女的家庭里承担起孩童的日常抚育和家庭照料，从而形成一种合作式的育儿组合。

面对繁杂的家务事，周周用一种管理公司的方式来维持一个家庭的运转：每个人都"耕种"好自己眼前的"一亩三分田"，尤其在育儿上，更需要做好分工，互相分担，尊重彼此的辛苦付出，而不是将所有或是大部分工作都放到一个人身上；保证每个家庭成员都能拥有一定的自由安排的时间，而不是全家人都以孩子为中心地活着。在和母亲共同育儿的过程中，她真正认识到经年累月地履行母职对一个女性所产生的复杂影响：徐阿姨在得知女儿怀孕后，毫不犹豫地前来帮忙，甚至将本应该属于女儿的母职，本应属于女婿的父职部分积极主动地一手包揽。母亲的责任感几乎刻在了她的血液里，无法移除。很多女性用母亲这一角色填满自己的整个生命，即使孩子成年后，依然有一条隐形的脐带牢牢缠绕在她们的脖子上，难以脱身。她们不认为或是没有意识到可以有权安排自己的生活——

年轻时她们围绕着子女转，年老时等待被子女安排，几乎完全切断了想象生活的其他可能性和选择。就好像是蛋液和面粉经过混合后嵌入蛋糕模具一样，成了一个个看起来没有任何区别、面目高度相似的成品，从未考虑过是不是可以放入另一个模具里，或者认为根本不需要放入任何模具里。徐阿姨中年时离异，独自将女儿抚养长大，总是将个人的时间和选择放在次要位置，对女儿的爱和需求的满足大过一切。现在，周周希望徐阿姨不再继续为了家庭一味地牺牲自己，而是有机会真正"为自己而活"，她和我说：

> 为什么大部分男的老了能去和朋友吹牛、钓鱼、打牌，女的就只能一直待在家里，接着带孩子的孩子？我觉得这不公平。

德国社会学家乌尔里希·贝克（Ulrich Beck）曾提出"自己的生活"（a life of one's own）这一概念，在其与妻子合著的《个体化》（Individualization）一书的中文版里被翻译成"为自己而活"（to live for yourself）[1]。然而又有多少母亲可以真正做到"为自己而活"？阎云翔教授为此反思，在中国传统伦理规训之下，"为自己而活"是许多人虽不敢或不愿公开追求，但却心向往之的一件事，其蕴含的一层深刻意义是人们"对于人生价值的反思和追求，而不是对于人际关系过密化的倦怠和抵制。这不可避免地要提出一系列价值观层面的问题：我是谁？怎样界定自我与他人的边界？人生的目的和意义是什么？怎样达到我所欲求的人生目的，实现我所追求的人生意义？"[2]

徐阿姨从带娃主力逐渐退到家庭中的"边缘位置"，这样一种转变看似是发生在代际亲密关系之间的让步与妥协，事实上是一场个人价值观的反思与革命性的颠覆——从"为他人而活"过渡到"为自己而活"。在访谈中，当被问起能否适应这样的新生活时，徐阿姨告诉我，她以前无法理解女儿口中所谓"为自己而活"是什么意思，总觉得那是女儿"为不再需要我这个老太婆找的借口"。卸下带外孙

[1] ［德］乌尔里希·贝克：《个体化》，李荣山等译，北京大学出版社，2011 年。

[2] 阎云翔：《"为自己而活"抑或"自己的活法"——中国个体化命题本土化再思考》，《探索与争鸣》2021 年第 10 期。

的工作后，她有过一段不知所措又失落的时期。无奈之下，她渐渐把注意力转移到发展兴趣爱好上——报名了老年大学的中医、太极拳课程，在拓展了个人的社交圈，努力找到退休后的快乐生活后，她发现平时和女儿之间的聊天内容因此丰富了许多，话题不再是围绕着家务、外孙的日常生活转——

我慢慢放手，后来发现他们也把孩子带得挺好。

我女儿一直和我说：你要对自己好一点，把血糖降一降，把自己放在第一位，把身体顾好，再想别的事情。我现在把这句话当成座右铭来告诫自己。现在外孙想让我陪他，我都要他提早一点说，我每天要锻炼，要学习，还要出门见朋友，很忙的哦。

在中国，隔代育儿是年轻父母们的一个普遍选择，根据调查，全国 0—2 岁的儿童中，主要由祖辈照顾的比例高达 60%—70%，其中，30% 的儿童完全交由祖辈照顾；3 岁以上儿童上幼儿园后，由祖辈直接抚养的占 40%。差不多有 50% 的家庭都是隔代育儿，而在一些一、二线城市，这个比例会更高，北京甚至达到了 70%。[1] 对于工作忙碌、生活压力日益倍增的年轻一代来说，让双亲帮忙抚育小孩，是至关重要且很多时候可能是唯一的选择。在当代"新家庭主义"的语境下，可以说家庭成员之间合作越默契，越有助于他们在事业、财富上的累积。在两代人的合作育儿中，我们看到了不同于传统家庭关系的新模式，尤其看到了上一辈女性在其中起到的不同作用——有些以大家长的角色管理小家庭，具有极大的话语权；有些以"帮忙者"的身份退到边缘位置来辅助小辈。无论哪一种，都是继孩子成年后，母职再延续的一种体现。

安·奥克利写作《看不见的女人》一书时对 40 位家庭主妇进行了采访，她们当中有些是家庭条件较为优渥的城市中产，有些是劳工家庭，无论来自何阶层，都难以避免女性在履行母职中所面临的单调、枯燥的生活，无休止的打扫卫生、对孩子事无巨细的照顾与陪伴。作者认为，正因为如此，母职不能被轻易地浪漫化，成为简单的歌颂对象，而需要更加清晰、深入地被看见、被讲述："母亲对

---

[1] 国家卫生计生委家庭司：《中国家庭发展报告（2015 年）》，中国人口出版社，2015 年。

子女负有的持久的和不容懈怠的责任，与孩子们保持亲密被社会赋予了很高的价值，被认为是母亲的一种核心素质。"[1]老年女性出于被需要的感受，主动积极地投入育儿，将退休生活围绕着子代、孙代，几乎没有考虑过其他的可能性。她们很少厌倦没完没了的母职，反而将其内化成一种本能和不可推卸的责任，从中获得情感回报和满足感。我们同时也不可忽视她们为之付出的代价：脱离了熟悉的环境，同自己的生活圈子分离，在孙辈开始上学后，又因为在大城市中没有朋友和亲戚可以经常来往、建立情感连接，而倍感孤单、寂寞。

年轻一代女性将自己定位为上有老、下有小的"三明治"。表面上看，两代人共同育儿的模式让她们在生育后能较为顺利地尽快重返职场，然而，为了平静处理其间所产生的矛盾，她们需要做出一定程度的妥协，而这部分情感劳动通常不被看见。在中国的传统道德文化里，一个身处大家庭中的已婚已育女性，需要尽量忍耐，将自我放在一边，投身于私人领域，处理其间复杂的家庭关系；而新

---

[1] 安·奥克利：《看不见的女人》，第 263 页。

一代女性则希望在两代人之间划出一条清晰的界线，保证每个人都可以畅快地呼吸。即使面对代际分歧，她们更愿意尝试去理解不同世代女性背后不同的立场。在两代人朝夕相处、共同育儿的过程里，年轻一代重新审视了作为女性、母亲所承受的压力。比起成为一个别人口中"伟大的母亲"，她们更加希望能够"为自己而活"，而不是为孩子付出一切；她们更加渴望突破母职终身制的命运，尝试不同于上一辈女性的人生，更加追求生活在一个有界限、有选择、亲密而自由的空间里。

有意思的是，在访谈中，多位"80后""90后"女性都坚定地表态："将来不会帮我的孩子带娃，我也肯定不会去催婚、催生"。可以想见，很多看似习以为常的人生问题，在年轻一代看来，不再是必选项。传统的母职惯习也并不是理所应当需要"传承"的，生活和育儿方式正在呈现出更多的可能性。

第七章

母职焦虑：教育与被教育的

女性因孩子成为母亲，并且过上以孩子为中心的生活，一切为了孩子，引领他们成长，试图帮助他们避开成长中的困难与风险，这恰恰是母职焦虑的来源——我要如何为孩子规划好人生？如果孩子没能获得世俗意义上的认可和成功怎么办？幼小的生命离开母体后，便在世间开启了一场未知的游戏，不论向前勇闯到哪一关，一根隐形的"脐带"永远连接着彼此。我在访谈中发现，一些母亲和孩子之间建立起几近共生的亲密关系，尽力满足他们童年时的所有身心需求，用大量时间与老师、家人讨论教育方法、升学策略。随着经济的发展和社会结构的变迁，当教育的结果承载了一家三代的期待，打理孩子的学业成了妈妈们头上的"金箍"。

"她怕什么呢？"

第一次见到陈娟是在北京海淀的一家钢琴培训机构楼下，她穿着黑裤子、蓝色针织开衫，齐肩的长发用黑色皮筋随意绑在脑后，刘海散在额前和脸颊两侧——和我交谈时，她不时拢一拢，集中夹在耳后。陈娟出生于20世纪80年代初的沿海农村。当地重男轻女风气盛行，她的母亲连续生了四个女儿，直到第五个孩子才终于得偿所愿，真正完成了所谓传宗接代的任务。当时家中经济紧张，无力抚养多个子女，中间两个女儿被送走，留下长姐陈娟、一个小妹妹和作为香火延续的弟弟。陈娟自小成绩优异，是整个家族中唯一考取重点大学，离开家乡在大城市工作、定居的孩子。她和我回忆起过往的求学经历，并非一路坦途，曾经因为一场重要考试的失误而担心自己的未来"肯定没戏了"。

考初中的时候，周围人觉得我横竖都能进重点，但我差了1.5分，就是没有考进。那时候感觉自己肯定没戏了，因为考不了好的初中，就很难进好的高中，大学的事就很渺茫了……还好有一个稍微差一点的中学有重点班，收我们这些分数差一点点的乡下学生，要交2000块钱择校费。你想，1993年的2000块钱，特别贵，我们家拿不出（这笔钱）。我爷爷很疼我，替我们家出了这笔钱，他说因为我能读书。说白了，我们整个大家庭里能读书的没几个小孩。

进入初中后，陈娟为自己设立了明确的目标——考入一所好高中，再考入一个心仪的好大学。父亲一向支持她："你能读到多高，我就供你多高。"母亲则认为她应该"初中毕业就去考个师范，赶紧出来挣钱"。陈娟毅然决定沿着自己认定的目标努力，三年后如愿收到省重点的录取通知。然而就在她满心盼望的金榜题名到来时，一个噩耗像一盆彻骨的冰水浇在她14岁的夏天，给了她从未预料的一击——母亲自杀离世。她无法相信当时刚满36岁的母亲会以这样的方式离开她和年幼的弟弟妹妹，没有任何征兆地奔向死亡，从此缺席于他们人生的每一个重要时刻——毕业、结婚、生子……直至多年后，她都无法理解母亲的决绝——

　　我妈是一个家庭主妇，在乡下没上过什么学。家里的开销都是我爸负担，他平时可能给的钱也不是特别多，我妈都是自己尽量省着用。她挺可怜的，生了那么多孩子，最后也没有个好结果。我就觉得一个女人必须要自己挣钱，自己没有经济能力，要靠别人的话，就不会快乐。我妈那时候怀疑我爸外面有人，她生活上没有主动权，很害怕，再加上有抑郁症，就走上了这条路。可她怕什么呢？再忍几年，我大学毕业就可以出来挣钱养她了，我甚至觉得她不爱我们，也可能是不够爱我们，她为了我们三个孩子，就不应该走出这一步……

　　母亲去世后，陈娟的人生分叉为两条轨道。一条属于自己：18岁时，她考去离家乡千余公里之外的大城市读大学，研究生毕业后前往北京工作、定居，完成婚姻大事。同时运行的另一条，是她身为长姐所肩负的部分母职，帮父亲一起照顾弟弟妹妹，事无巨细地爱护着他们，"他们从小到大做错事情，学习成绩不好，都要我去操心，当姐姐很累"。这两条轨道拉扯着她的心力，她无法取舍，只有尽力兼顾。

"不努力就一定没有收获"

女儿在陈娟 32 岁那一年出生，她希望自己能成为一个称职的母亲，提供能力范围内最好的陪伴和教育，弥补她自己成长时期的缺失。从幼儿园开始她陆续为女儿报了英语、钢琴、舞蹈、羽毛球、足球等培训班。从小地方一路考上重点大学从此改变命运的陈娟最信奉勤奋，她给女儿从小灌输的一个观念就是，"努力了不一定有收获，但不努力就一定没有收获"。陈娟清晰地知道，在竞争激烈、人才辈出的大城市里，女儿这一代人很难再复制她当年的考学模式，在学习、音乐、运动等多个方面都优秀、拔群的孩子越来越多。她总结道：

大家都"鸡娃"以后，分数线水涨船高，优秀的标准也越来越高。（我）普通"鸡娃"就好，不想把孩子逼得太紧、太死，学校里的"牛娃"太多了，没办法比，也没有止境。

即便是"普通鸡娃"，陈娟依然在女儿的学业和课外安排上付出了大量时间和精力，从选择钢琴老师、线上英语课程到运动项目等，她都四处搜罗打听资源，做功课对比，既需要考虑教学质量和口碑，又得兼顾能否长期负担等经济、时间成本。关于一年的"鸡娃"费用，她大致算了笔账，英语线上课一次性付费2万元，钢琴课的花费在2万—3万元之间不等（除了日常培训之外，还有比赛、考级等费用），再加上舞蹈课、羽毛球课、足球课，从幼儿园大班开始，除去公立学校的学费之外，女儿一年课外培训花费达到7—8万元。这还是她经过精打细算、反复筛选后的开销。出于经济条件的考虑，她不得不放弃了一些比较昂贵的课程，比如，女儿曾经体验过的数学思维课，需要500元一小时，她便改为让擅长理科的丈夫每周抽出时间来辅导女儿做校外拓展题。在教育方面，她像个"经纪人"一般负责一切有关的规划，同时也是专业"陪练"。刚开始学钢琴时，陈娟和女儿一样零基础，从头学起乐理知识和指法，每堂课后，和女儿一起复习。周一到周日晚上9点左右，家里的钢琴声准时响起，这是女儿完成课内作业后练琴的时间，雷打不动。陈娟会准时坐在一旁，仔细观察哪个音弹错，哪处指法需要改进，向老师及时反馈学习的进步。她用坚定的语气告诉我："如果家长不约束，孩子是不可能自觉的，他们根本不知道什么叫自律。"她还要求女儿每周末在小区内活动时，先跑步800米，跳绳2分钟后，才能和小伙伴一起玩耍，并且会反复强调，"这个次序不能颠倒"。

相比陈娟在女儿学业上的全身心投入，她回忆起从小到大几乎都是靠自己一路埋头摸索、勤奋苦读。母亲做了一辈子的家庭主妇，没有离开过家乡半步，印象中她仅是负责子女们吃饱穿暖，从未过问他们的学业进展。遇到人生的关键阶段，陈娟总是会求助于父亲。父亲的文化程度也不高，念到初中就辍学，一直在外打工赚钱，即使结婚后，也没有困于繁杂的家庭事务中，因此比她的母亲有更多时间和精力"见世面"。父亲不仅是家庭经济的"供养者"，在她人生的一些关键节点，比如报考大学选专业、择

偶的时候，还担负着"指导者"的角色，为她的未来发展
出谋划策——

> 我妈那时候说了好几次不希望我考高中，女孩子
> 读个师范就好，早点出来赚钱。我爸爸虽然文化也不
> 高，但他一直鼓励我，让我放心大胆地去念，学费不
> 用担心，只要我能考上去，他就会想办法解决。如果
> 没有我爸，我可能不太会考出来，现在应该还在老家。
> 我爸虽然没读过什么（书），但看得多听得多，人也
> 聪明，给了我很多帮助。碰到问题，我都会听听他的
> 想法……

陈娟坦言，庆幸自己当年坚持了求学这条道路，否则
不难想象仍然留在家乡的生活：大概率会在20岁出头的时
候，早早结婚生子，甚至可能会像她的母亲一样，把生育
当作一份工作，直到生出一个男孩才算是完成一辈子的任
务，成为一个家庭主妇，整日做饭、带娃。她记得14岁的
那个夏天，母亲离世后，她默默下定决心离开家乡，去远
方念大学，看看外面的世界，亲手创造属于自己的生活。

经过十多年的努力，她安顿好工作和家庭后，按照自己对于一个好妈妈的设想，无微不至地爱着、陪伴着女儿。她承认对女儿要求严格，也知道女儿有时候会有一些"反抗"的行为，比如，在她下班没回来前，溜去邻居家找小伙伴玩耍；学琴到第四年，已经不再愿意让妈妈坐在一旁陪练、盯紧进度，希望能有一些自由的空间，而不是总在她的管教之下学习。她感到，女儿有时候已然像一只渴望到丛林里探险的幼兽，慢慢练习着独立，一点点向外踏出脚步；虽然有时候还像幼儿时期一样，无比紧密地贴着她，会在某些夜晚吵着挤到大床上同睡。女儿有一天躺在她身边，即兴口述了一首小诗，她如获珍宝般地录音记录下来：

躺在妈妈的身边

好像睡在夜空里

我听见鸟儿在叫

风吹着叶子

我喜欢这哗哗哗的声音

我看见星星望着我

好像要张嘴和我讲一个美丽的故事

随着社会的变迁，女性在家庭中扮演的角色和承担的职能渐渐发生变化。和过去相比，当代女性高度嵌入社会发展的齿轮中，不再只是为家族延续香火，操持家务，而是通过外出工作大大增加了在家庭经济方面的贡献，同时也需要在管理家庭财务、孩子的教育方面贡献自己的时间和精力。这其中最为重要的一环，就是对于孩子实现社会阶层的向上流动寄予极高的期待，并为此费尽心思。法国社会学家布迪厄（Pierre Bourdieu）提出"文化资本"（Cultural Capital）的概念，在他看来，教育是社会阶层保持优势的隐蔽手段，下一代的文化资本累积尤其重要。受过良好教育的中产阶层母亲们，担心孩子因为教育的失败而无法从激烈的竞争中突出重围。她们将压力和成功画上等号，用自己能够理解的生存和生活方式，为儿女们也套上了升学的枷锁。她们在家庭中越来越处于轴心的位置，比从前投入更多金钱、精力和时间，一些父亲则扮演着"服务者"的角色，执行支持性的辅助工作。比如，陈娟的丈夫负责接送，往返于家、学校和培训班之间，很少在女儿的学业规划上提出意见，一切以妻子的安排为主。陈娟笑着说："很多人夸他看起来年轻，那是因为他从来不操心，不想事儿啊！"

受过良好教育且经济独立的陈娟，和母亲最大的区别，是她在家庭生活中有话语权，并且能够数年如一日地实践自己的教育理念，每天上班前和下班后都围绕着女儿的学业、生活起居而忙碌，毫无保留地付出。她深信读书改变命运："我女儿现在的条件比我那时候可好太多了，她努力认真地学，不能说更好，肯定不会太差吧。"表面看起来，陈娟实践母职的内容和上一代女性有了明显的变化，实际上相似的是，她也几乎没有属于个人的时间。她不仅需要为家庭创造财富，还需要为孩子的各种教育殚精竭虑。

作为母亲，一个女性无论曾经对自己的生活有着怎样的畅想和打算，当孩子步入正式学习的轨道，免不了需要和同龄人竞争之后，都会情不自禁地开启"密集母职"模式。20世纪90年代，美国社会学家莎伦·海斯（Sharon Hays）提出了"密集母职"（intensive mothering）的概念，用来描述一种在社会上越来越普及的现象：妈妈投入大量的时间、金钱、精力、情感和劳动来抚养、教育孩子，一切以孩子的发展需求为优先。这背后隐含的社会观念是，人们对母亲这一角色抱着极高的社会期待，孩子自出生后便成为女性生活的重心。随着时代的变迁，母职的内容发生了变化，她们不仅是传统意义上的"照顾者"，而且要学习如何正面管教，耐心地营造亲子氛围，心细如发地为下一代规划学习历程，并和孩子荣辱与共，参与他／她每一阶段的人生选择，努力让孩子的每一步都能踏在正确而光明的道路上。

"我往前推一步，他会往后退三步"

张琳 43 岁，有一个 14 岁的儿子和一个 4 岁的女儿。自第一个孩子出生后，她就在成为"完美母亲"的道路上努力着。休完产假，她马上回到工作岗位，为了尽可能多地陪伴孩子，每天在上下班路上抓紧时间处理工作信息。成为母亲后，她似乎没有发生什么变化，始终像一列高速行驶的火车，轰隆隆地前进，不允许自己出现丝毫懈怠或是停滞。她坦言，自己"鸡娃"开始得挺早的，阅读了很多中外幼儿启蒙教育的书籍后，就迫不及待地实践在儿子身上。从中文绘本、英语启蒙到故事、认字、加减法等等，凡是她能获取的学习资源，都会找机会一一灌输给小孩。在她看来，幼小的生命由父母塑造，如果没有做好启蒙教育，是一个母亲的失职。张琳是一个完美主义的人，在履行母职时，会忍不住地为自己制定很多高要求，同时也期待儿子能达到她的标准。

那时候我在他身上花的功夫特别大，不是说我要什么样的成果，就是想兴趣引导。我记得他 1 岁半的时候，我们去他奶奶家，我带了 20 多本书，他会让我从头到尾一本一本地给他读下去，讲得我都口干舌燥。等到上幼儿园了，开始去学认字的时候，发现他学得也不是那么快。3 岁多开始学英语，我拿绘本、音频还有一些视频（给他），那时候我觉得他学得挺快的，进步还挺明显的。一直到上小学前，都感觉他还是挺聪明机灵的一个孩子，工作再忙，我都一直坚持给他中文阅读、学英语、口算练习……

儿子成为小学生后，张琳一开始保持"淡定"。到了二年级，眼见周围的妈妈们给孩子报名了各种课外班，她也不由自主地"卷到旋涡里"，跟着其他妈妈给儿子报了奥数、语文、英语课。周末孩子除了做作业，就是奔波在赶赴这些校外培训班的路上。母亲们看起来努力维持着正常周转，孩子们却渐渐被卷入竞争中。从成果来看，张琳发现儿子不仅没有在一些难题上显示出太强的学习天赋，连完成校内作业都渐渐成了问题，主要表现为不想写作业，"周末坐在书桌前，耗一天也不写字，他就坐那儿给你耗着"。张琳看在眼里，急在心上，试图用一些书上学到的方法给儿子对症下药，却发现真正是"脾气上来，武功全废"。一年后，张琳的儿子消极对待学业的情况愈演愈烈，当在儿子身上几乎无计可施、无可奈何时，她感到自己也正加速迈向崩溃——

　　学什么都感觉（他）学不进，我着急就训他，那更学不下去，在这儿耗着，拿着笔不写字，我就特别崩溃、抓狂，也不知道怎么回事，我到底做错了什么。那时候四年级了，眼看就要"小升初"了，人家都在抓紧拿证书、刷题，他连写个学校的作业都要耗一天，熬到晚上 11 点，还没写完，磨磨蹭蹭，心不在焉，非常简单的题目怎么都教不会，就是不乐意写（作业）。我问他为什么，死都不说话，再问就对我说：你打我吧。我气得和他一起抹眼泪。

当时就想：我这么积极努力上进，怎么生了这么个儿子呢？我还怪他爸爸，儿子动作这么慢，像他。我打也打了，骂也骂了，效果没有，逼得紧了，他还整天生病，不是头疼就是喊肚子疼，再不然感冒了，头晕了，隔三岔五地请假。

儿子的情绪状态越差、学习效率越低，张琳就越焦虑，几乎形成了一个难以打破的恶性循环。每当儿子生病，她会劝自己："身体第一，还是不逼他了吧！"而一旦儿子恢复健康，再和其他同学对比进度，她又感到自己望子成龙的欲望升腾起来，忍不住地跳起来指责儿子："你光身体好，成绩不好，有什么用，以后可怎么办？"张琳无法想象如果儿子没有能够升入一所理想的初中，他能拥有怎样的未来。由此产生的焦虑和担忧整日围绕着她，她将那些教育书中的方法和理论翻了又翻，到处讨教经验，想练就一身功夫来解决儿子的问题，结果她无比失望地认识到一个事实：即便自己平时是一个勤奋努力的人，也无法实现言传身教；即便自己使出浑身的力气，也无法输送到儿子的身上——每当她试图"往前推一步，他会往后退三步"。

比学业上毫无进展更加糟糕的是，母子关系也在那个阶段达到了冰点。张琳能够明显地察觉到，儿子在用八成的精力对抗她，只用了两成的精力在学业上，压抑、焦虑、低落的气氛笼罩着整个家庭。张琳自视为一辆常年高速运行的列车，并引以为傲，从未想过在儿子这一站会陷入失控。她仿佛坐在驾驶室里，满眼恐惧地看着列车即将滑出既定的轨道，为了止损，只好急刹车停下。育儿书固然能帮助妈妈们解决一些教育实践中的问题，却显然加深了她们对于自己在亲子关系中的作用的执迷，忽视了要去理解问题的本质，总认为自己可以无所不能，有限的只是孩子的认知和能力。

"我放下了手里的尺子"

　　张琳在崩溃和担忧的情绪里度过了一年多时间。一次偶然的机会，她终于忍不住向儿子的一位任课老师倾诉了长期以来的焦虑和苦恼。经过多次沟通，她发现儿子在学习之外，已经有了非常明确的兴趣爱好，比如打击乐，还被选进了学校乐团；热爱机器人编程，代表学校去参加比赛，拿过不少奖项；把下厨房作为一种生活的调剂，照着网上的视频琢磨，学会了好几道家常菜和西点。在张琳眼里，一切和学习无关的兴趣都是不务正业，没有把时间花在做题上都是浪费生命。而这恰巧是她们母子之间的分歧和冲突所在。她渐渐认识到，想从根本上改变现状，应该从改善母子关系入手，如果继续站在比儿子更高、更强势的位置上去控制和指挥他的人生，要求他百分百长成自己期待的样子，那么她这辆被迫停下的列车，可能永远也无法驶出车站，去往下一个目的地。

我一直在反省，以前一直拿他和我比，但是这么比较起来哪里有什么优缺点呢？只不过我们母子特点不一样而已。我是完美主义的急性子，什么都要又快又好，他喜欢享受生活，不想只有学习，也不想只有成绩好才能得到妈妈的肯定。我是妈妈，我站在自己的角度去评判孩子，用我自己的特质去要求孩子。孩子如果站在高处看我，他会不会觉得我这个妈妈太功利、太要结果、太冒进、太不可理喻呢？孩子是我生的，但毕竟不是我啊！

张琳重新审视自己在亲子关系中扮演的角色，同时打开视野，转变看待问题的角度，从只关注成绩转向关注孩子的身心状态，从只关心升学转向关心儿子的情绪和需求。之前，她总认为一次考试就能决定儿子未来的命运，"只要有一次考差了，都觉得后面人生就毁了"。抱着这样的念头，张琳总是希望能帮助儿子控制好学业上的每一个环节，像是在流水线上组装产品，拧紧每一个螺丝。儿子和自己"对抗"的几年时间里，她从愤怒、不解、无奈到向内寻找问题，逐渐厘清乱麻——世界上的路有千万条，不是只有一条正确的，儿子的学业之路亦是如此。她尝试着不再做"直升机妈妈"，时时刻刻盘旋在儿子的上空监督着一切。她先是取消了所有的课外班，让儿子专注于校内的课业，也有更多时间和精力去参加户外运动，劳逸结合。她不再把着眼点放在他的每一次考试和每一天的作业上，同时开始放手鼓励儿子学着从错误里找到解决问题的办法，积累失败的经验；也不再总是想着往前推一步，而是站在原地等待，等待母子之间长期对抗的高度张力渐渐消失。一年多时间后，他们之间紧张的关系终于得到明显缓和。儿子的状态越来越好，成绩也有所提升，平稳度过了"小升初"阶段。

> 我以前以为自己是天下唯一的真理，所有的一切都是为了孩子好。放下对他的控制，不给他那么大的压力之后，我不再那么焦虑了，变得宽容了、随性了。他有更多的精力去学习，也不那么容易生病经常请假了，即使偶尔有不舒服，我也不那么抓狂了，想着不舒服就休息一天吧，也不会导致什么不能接受的结果。（他）以前可能被我逼得觉得（自己）啥都不行，一直都笼罩在焦虑、压力里面，心里非常非常压抑，也没

什么自信心，上课都不敢举手发言。

他最后去了一所普通中学，很适合他的性格和兴趣爱好，现在每天可以自己安排好时间，虽然还是有点小拖沓，但是和小学时候比真的是太进步了。我从来不检查他的作业，时不时会催促几句，也正常吧，毕竟我不是圣人呢，老母亲的心啊！

张琳自嘲"鸡娃"失败，但事实上如今的结果是她更希望看到的。过去她总是拿着尺子处处衡量儿子，本以为可以精准地规划他的学业，却发现使出的都是"蛮力"。她忽略了儿子是一个独立的个体，一直在用精心呵护、照顾婴儿的方式去引导、教育一个少年，将自己认为正确的和最好的一切都强加在孩子身上，结果处处碰壁，导致两代人之间的冲突越来越频繁。在母亲的心里，孩子是她用双手一点点累积起来的财富，幼小的生命依偎在怀里，吮吸着奶水，一寸寸地长大，渐渐学会了微笑、坐立、爬行、走路、说话，就好像大自然纪录片的镜头拍摄下花朵绽放的瞬间，肉眼可见地茁壮。而决定一朵花成长的，不完全是种子本身，还有阳光、空气和雨露。每一朵花都具有独一无二的天赋特质，以及无法被提前建构的生长轨迹。张琳回想儿子和自己对抗的三年时间里，仿佛走过了一条又长又黑的隧道，到半路时，她以为再也走不出去了，直到终于寻到一点微弱的光源，摸索着向前，越来越亮，绿树和蓝天再次映入眼帘，才真正确认将黑暗留在了身后。张琳眼眶有些泛红地感慨道："我还算是幸运的，如果晚几年才去改善（亲子关系），很可能真的回不来了，估计那时候孩子都离家出走了。"

访谈快结束时，张琳接到儿子的电话，两人轻松地聊着当日的晚餐安排，你一言我一语地说笑着。挂断电话后，她骄傲地说，儿子现在与她几乎无话不谈，"聊学校里发生的事情，班级有哪个女生向他表白他都告诉我……"能够从一对只要一学习就鸡飞狗跳的母子，变成在考试前夜一起散步谈心的朋友，她觉得是儿子和自己都主动向前了一步，才能肩并肩地走。如果其中有一个人走得太快或是太慢，都会让这段关系充满紧张的拉扯。这个来之不易的成果，并不是读了几十本教育类书籍教会她的，而是孩子教育了她，让她开始向内学习和反省，真正看见并且尊重一个生命的生长，明白什么是真正持久的母爱——孩子并不是一张可以任由家长发挥的白纸，或是一个可以随意塑造揉捏的泥人，而是一粒看起来或许其貌不扬的种子，生来拥有内在的潜力和秩序。母亲要做的，是信任和尊重孩子想要生长的方向，从心理层面去引导，让他们有信心、有能力去完成自己的梦想。在刚满4岁的女儿身上，她笃定自己至少不会再犯同样的错误了——

教育的问题其实不在于学什么教育理念和方法，而是妈妈自己的提升。当妈妈的视野放宽、身心平衡的时候，引领孩子的成长就是副产品，一切都会水到渠成。我现在就真的很坚定地不去要求孩子一定怎么样、成绩要名列前茅。我觉得决定他们人生幸福的有很多的维度，而且幸福感是任何人都给不了的，孩子自己有感受的能力，还有生活的能力，对他们来说才最重要。

慢慢地我放下对事情结果的期待，因为我所期待的结果，只是一种可能，其实还有很多可能会出现，也未必哪种就是最好的。在儿子身上，我看到一个积极向上、有热爱、有追求的生命在成长，这就够了。

张琳做妈妈这十多年的实践里，大部分是在全身心地付出，尽力给孩子搭建一个最佳的养育环境，同时严格要求自己成为一个完美的母亲，全过程式陪伴，终年无休。在如此高的付出之下，她期待的是能够与之相匹配的高回报，收获一个成绩优异、乖巧听话、如愿升入重点学校的孩子。她原本以为这场马拉松比赛，靠勤奋和毅力就能始终保持在队伍的前列，顺利到达终点线。然而现实让她明白，如果不注意调整呼吸、摆臂的节奏和双腿发力的方式，跑不到一半便会精疲力竭，跪地投降。张琳发现自己对儿子的爱和期待已经快要淹没他的时候，才意识到需要向后退几步，松弛一些，把力量用在合适的地方，而不是让过度的力道像涨潮的海浪，毫不留情地同时吞噬母亲和孩子。

和上一代的母亲相比，这一代的女性身处技术和信息发达的社会，拥有半自动化或者全自动化的育儿设备，比如温奶机、辅食机、婴幼儿洗衣机等；需要了解什么信息，上网搜索就有海量资源可供对比和选择。然而对母亲们来说，负担真的能因此减轻吗？可以毫不费力地享受亲子之爱吗？仔细想一想，事实上，正是这些便捷，让很多城市的中产女性一步一步滑入精细化育儿中，为孩子成长中的每一环，尤其是教育，而殚精竭虑。

　　成为一个怎样的妈妈，这是一个伴随孩子的成长，年复一年都在变换着答案的问题。每一代女性都有自己正在探索、追寻的答案。在少子化的年代，孩子成了一个家庭更加珍贵的"资产"。在社会的约定俗成中，一个"标准"的好妈妈，不仅要保证孩子的身心健康，还需要在教育上做足功课，养育孩子的责任感一年又一年地规范着女性的生活，她们每走一步都战战兢兢，唯恐有一丁点疏漏，输在了起跑线上。父母们试图将那根线画在孩子的面前，在太阳明晃晃的照射下，清晰又闪亮，仿佛镶上一条金边；期待孩子稚嫩的小脚一旦触碰到边缘，就会立即启动某个按钮，开始拔足狂奔；他们还内设了一个时钟在滴答滴答地提醒着：该去上补习班了，该去准备下一场考试了，该练琴了，该奥数比赛了……永远在不停地闯关，计算着这一次的成绩处于什么位置，超过或是落后了多少人，下一次又该如何努力保住名次，或是再往前进一步。什么是标准？什么是优秀？什么是最好的？作为身处家庭"轴心"的母亲和孩子一样，需要扒开时钟下的缝隙，才能大口地畅快呼吸。张琳重新梳理母职时，发现改善亲子关系需要踏出的第一步，是把身体里那个总是滴答作响的时钟掏出来放一旁，主动放慢脚步，感受呼吸，靠自己的力量来摆臂和迈腿。当母亲不再把"完美的妈妈"作为人生目标，放下焦虑后，孩子才能心安理得地不再理会那个时钟，跟随自己的节拍，自信地向前跑。

很多女性都会忍不住感叹，有了孩子之后，自己的时间都被吸入了旋涡中，为了配合孩子们的进步，不得不放弃个人的成长空间。她们逐渐淡化甚至舍弃掉一些社会身份，忍不住将更多的期待和希望都寄托在孩子身上，结果导致双方都陷入多重压力之中。女性不仅无法摆脱兼顾"家庭责任"和"社会角色"的困境，也在"做好自己"和"鸡娃"之间进退两难：既想无所畏惧地披荆斩棘，又想反求诸己，释放出一些让孩子自由成长的空间，创造一个更加健康、和谐的亲子氛围。成为母亲，是一个教育与被教育的过程，也是一个放下自我又再度拾起的唤醒过程。在妈妈们的引导下，孩子们摇摇晃晃地迈出了第一步，奶声奶气地说出第一个完整的词，而当他们拥有了生长秩序和语言系统之后，则更希望由自己来掌握人生，不再听任摆布。

比起女人天生即母亲的论调，我更想大声疾呼，女性成为母亲不是一瞬间的事情，而是一个过程，女性从和孩子的互动中，一点一点理解何为母性。女性从自己的母亲身上得到哺育生命的初始经验，又在不同时代的社会氛围作用之下，于新观念和旧习惯的夹击之中，重新审视一个母亲究竟要经历多少，才能在扮演照顾者、教育者之外，重新找到属于自己的第二成长曲线。

英国哲学家、教育理论家怀特海（Alfred Whitehead）在《教育的目的》（*The Aims of Education*）一书中曾说，"教育的问题是如何让学生借助于树木来认识树林……教育只有一个主题，那就是多姿多彩的生活"。[1]母亲们当然也可以借助这个由她而来的生命去往更远的地方，从一棵熟悉的树开始，慢慢步入一片陌生而又广袤的树林；从一个可能性开始，慢慢看见更多的可能性；从只追求单一结果，慢慢接纳多元化的生长。

---

[1] ［英］艾尔弗雷德·怀特海：《教育的目的》，徐汝舟泽，生活·读书·新知三联书店，2002年，第12页。

第八章
隐形的父亲？

我们普遍认为，母性是天生的，女性在怀孕期间已经与孩子建立了紧密的连接；而一个男人要成为真正的父亲，需要通过后天的丰富体验才能慢慢习得。从社会意义上说，一个男人拥有父亲的身份后，他和另一个生命便从此紧紧地捆绑在一起。传统的父权文化中，男性将大部分时间用于打拼和赚钱，鲜少扮演照料者的角色，因此父亲的主要职责是物质的供养者，是家庭经济的支柱。随着女性的劳动参与率越来越高，对家庭的经济贡献越来越多，父亲的角色开始变得多维而复杂，男主外、女主内的传统家庭分工模式开始出现松动。一些女性在不断地协商和努力后，与丈夫采用分工合作的形式来减轻母职的负担，传统的父职内容因此出现主动或是被动的调整。

　　本章通过深描丈夫和妻子的互动、照顾孩子的方式、个人对父亲身份的认同以及工作状况等，归纳出四种父亲类型的特点。其本意并非为他们贴上标签。事实上，一些男性所扮演的父亲角色会随着孩子的成长而变化，也可能兼具多个特点。我们只是希望借由这些分类，看到城市中当妻子在工作—家庭之间努力维持平衡时，男性会经历怎样的心理转变，是否会更主动、积极地为育儿和家庭做出贡献。和传统父职相比，这一代的父亲们有哪些不同？在竞争又"内卷"的工作文化之下，他们会面临怎样的妥协？追问这些环环相扣的问题的意义在于，帮助我们用另一个视角来看待家庭中的性别分工。为了实现两性在职场上真正的平等，我们不可忽略男性在育儿中扮演的角色。

家具爸爸

"我觉得我老婆比我更擅长做这些事情。"被问到和妻子如何在育儿中分工时，不少男性抱持着这样的观点。尤其是孩子 3 岁以前，生活上需要大量事无巨细的照顾，父亲感到难以插手，只是像一件家具般沉默地杵在家里，常常呈现出"妈妈带娃，爸爸旁观"的场景。

男性在成为父亲后，对于工作和家庭的时间安排有了矛盾的想法。一方面，他们希望能有机会陪伴妻儿，享受家庭时光，同时又受到男子气概传统的影响，渴望比从前拥有更高的收入、更体面的社会地位，成为家庭的顶梁柱。另一方面，当前的职场文化仍要求男性以工作为重心，因此专为男性提供的相关福利少之又少。比如，男性和女性的育儿假之间存在着巨大差异，目前中国各地规定的女性产假是 128—190 天，男性陪产假则在 7—30 天。被问及是否知道有陪产假时，绝大多数受访男性表示并不清楚存在这一福利。因此从现实层面而言，很多男性在时间和空间上将自己从照顾新生儿和产妇中抽离了出来，进一步在脑海中强化了其所承担的主要职责就是"赚奶粉钱"，好像负责打猎的雄性动物一样，将食物带回家是他们的天职，而喂养、照顾幼崽则属于雌性动物的职责范围。

这样的思维惯性之下，在养育中遇到问题时，一些男性的第一反应并不是留下来帮助妻子一起解决问题，而是暂时逃离混乱的育儿现场，能做的事情仅剩如同一件家具一样保持固有的沉默。本书第二章"生育：重塑的自我"

中提到的韩冰，她的丈夫李铮认为，家是港湾，而妻子是缔造这一切的主人，他只想在忙碌了一天回到家后，享受其中的和睦与温馨。面对妻子的要求和"指责"，他颇感无奈和委屈："不知道要怎么做，老婆才会比较开心，我上班工作压力也很大。"而在韩冰看来，最让她感到失望的是，丈夫李铮并没有意识到，她同样有一份忙碌的工作，同样需要在疲惫而充满压力的一天之后得到理解和安慰，以及行动上的支持。

在强调男性生产价值的父权制文化下，"家具爸爸"们的存在似乎成为顺理成章的事情。再加上生育政策的倾斜，导致很多男性很少有机会思考男主外、女主内的传统模式在当今社会的合理性，理所应当地认为女性在家庭中是爱的提供者，是关怀和照料的专家，所付出的劳动也都是以爱的名义对家庭数年如一日地奉献。一份调查显示，在有0—6岁孩子的中国家庭中，从2008年到2017年的10年里，男性照料孩子的时间从0.68小时/天增加到0.92小时/天，而女性则从1.66小时/天增加到3.05小时/天。可以发现，尽管过去10年中男性在照料孩子方面有些微进步——从绝对数量上看，大概增加了15分钟的时间，但女性花的时间则在 10 年里增加了将近一倍。两者之间的差距不是缩小，而是变得更加巨大。[1]

一些男性往往会给父亲这一角色蒙上英雄主义的色彩，幻想自己是一个无所不能的超级英雄，多数时候隐形于家庭的某个角落，遇到危难时才挺身而出，从天而降。他们成为真正的父亲后才发现，在实际的育儿过程里，根本没有那么多幻想中的高光时刻。踏踏实实打理好生活中的一饭一蔬，陪伴着孩子日长夜大，更需要的是英雄"下凡"。如果没有终日与喂奶、换尿布、陪玩、做饭、家务、辅导功课等琐碎事务打交道，如果没有像母亲们一般经历日复一日的脏与累，如果没有亲身经历马拉松式的疲惫，爱很难自然而然地生长出来。如果一个家庭中的种种问题都由女性来消化，无疑会在婚姻中造成矛盾与张力。对承担育儿—工作双重职责的女性而言，难以承受的不仅仅是生理上的过度劳累，也是面对"家具爸爸"们的沉默与隐形时，心理上升腾起的怨气，背负着苦涩、沉重的负担。

---

[1] 参看杜凤莲：《时间都去哪儿了：中国时间利用调查研究报告》，中国社会科学出版社，2018 年。

周末爸爸

女性努力在工作和育儿之间维持平衡，忙碌了一天之后，到家进行"第二轮班"，将时间和精力继续贡献给家务和孩子。而问起男性如何管理家庭和工作的时间分配时，他们很少使用"平衡"这个词。即便认同配偶和子女在人生中的重要性，当工作和家庭的安排遇到矛盾时，他们大多数时候会选择前者，将平衡的难题留给妻子。比如，第三章"永不下班的职场妈妈"中，咏儿盼着能早日和丈夫结束分居两地的状况，共同分担育儿的工作；丈夫任杰则认为，孩子的爷爷奶奶已经在"大后方"替他解决了很多家庭事务，好让自己暂时将父职放一旁，趁着事业还处于上升阶段，抓紧时间在"前线"打拼、赚钱。任杰今年37岁，是一家公司的中层，平时在外地工作，只有周末或者假期才飞回妻女所在的城市，在5岁的女儿面前，成了一个"周末爸爸"。他分享了自己周末带娃的日程，有意思的是，在自述的开始，他就先给自己下了个定义：

我肯定不能算是一个正面的案例。

我只能说在能够抽出来的时间内，尽可能去支持家里。我能做好的，就是跟她在一起时尽量专注，不要再玩手机了，不要再去想其他事情了。我只能是这样的。目前为止大部分回去的时候，这点还是能做到的。我一般周五晚上飞回家，周六早上就不再睡懒觉了。女儿六七点左右起床，我也起来，陪她出去玩。我老婆正好多睡会儿。我带小孩出去买早饭，8点多回来一起吃早饭，或者我们在外面吃完了再回家。白天在家陪她玩玩具、画画之类，吃好中饭以后午睡，睡醒起来，有时候带她去运动，或者去商场的游乐场，玩到回来吃晚饭。晚上洗澡和哄睡的话，她不让我参与，这是妈妈或者奶奶的专属活动。但上一次回去的时候，我争取到了给她讲睡前故事的权利。

任杰将现阶段的职业发展及其能够带来的经济回报放在优先地位来考虑，他很坚定地认为自己在短时间内不会改变"周末爸爸"的状态。在他看来，自己是家庭经济的重要来源，再加上事业处于上升期——双重因素叠加，做出如此安排是理所应当且合情合理。当"个人职业生涯发展和加薪的窗口期撞上了育儿的窗口期",他必须做出取舍。他倾向于放在更长的时间轴上来处理育儿问题,不必拘泥于当下每一天都陪伴在女儿身边。当问及内心是否会因此感到遗憾时,任杰明确地说:"不会,现在的这个家庭情况,是我之前决定去外地工作时就想到的。"同时,他反问道:

她不要上小学了吗?她可能还有叛逆期,到时候我会尽量支持她。我做爸爸的时间还长着呢。

而在咏儿看来,女儿6岁以前的成长期是宝贵且稍纵即逝的。丈夫如果持续扮演"周末爸爸"的角色,会错过和女儿建立亲密关系的黄金时期。现状是他能参与育儿的项目非常有限,无法独立地和女儿相处哪怕一天时间。她曾考虑过换一份不需要加班的工作,把更多时间留给女儿和家庭,却担心自己这样单方面地维持平衡,在一些时候"既当爹又当妈",会导致丈夫更加心安理得地推迟团聚,进一步延长两人分开工作和生活的时间。经过半年多的协商——其中不乏频繁的争执，任杰终于做出妥协，承认现在的家庭模式确实存在着比较大的问题，并不是长久之计。夫妻俩终于达成一个共识，给分居加上一个两年的期限，也给"周末爸爸"确定一个"下岗"的时间。

　　双薪家庭中的男女都会面临的问题是，如何在社会生活（包含工作、社交等）和家庭之间做出选择？通常而言，女性会是那个选择平衡或主动退回家庭的人，而男性更倾向于将自己设定成在外冲锋陷阵的角色，把事业发展置于首位。他们较少会考虑到女性在职业发展需求与育儿之间的矛盾。反映在育儿过程中，他们总是抱持着帮忙、配合的心理认识；落实到行动上时，他们会更多地从现实层面做出取舍，尤其在婴幼儿时期，需要大量琐碎的生活照顾时，会默认由妻子或是其他家人、带娃帮手去完成绝大部分的工作。每当投入工作时，母亲们常常无法放下对孩子牵挂与愧疚的心情，情不自禁地显示出两难。相比较而言，"周末爸爸"们在追求实现个人价值时，不会像很多母亲一样，将育儿看成一份百分百不可推脱的工作。职场妈妈们在商务晚宴和家长会之间奔波，在深夜加班赶报告和照顾生病的孩子之间无缝切换，如果没有能够做到，便会自嘲是个"糟糕的妈妈"。相对而言，父亲们则倾向于为自己留出更多的进退余地，让自己可以阶段性地、有选择性地、充满时间弹性地履行父职——比如只有在周末有空暇时，或者等婴儿学会走路、学会说话、可以简单交流、能够遵守一定的社交规则后，父亲才愿意花大量时间交流和陪伴。

救火队员爸爸

有一些男性开始认识到，男主外、女主内的传统家庭分工正在松动。第二章中提到的琪琪，她的丈夫李帆回忆起童年时，父母一直属于"男女搭配，干活不累"的育儿模式，在家庭内外的事务上都有贡献时间和精力：母亲常年一边忙于工作赚钱一边兼顾家庭；身为教师的父亲承担了更多学业辅导的职责，同时也会帮助母亲分担部分的家务，比如，周末或逢年过节时给一家人做几个拿手菜。有时候，父母会为了鸡毛蒜皮的小事拌嘴，但整体配合默契。当琪琪做了两年的全职妈妈，重返工作岗位后，李帆开始扮演"救火队员爸爸"的角色。在他看来，快节奏的双职工家庭中很难做出非常清晰的分工，很难明确划定出丈夫或妻子应该做哪件事，比较可行的方式应当是——彼此互为帮手。遇到问题，不能只是留给妈妈们来善后，爸爸们则退在一边，而是要像救火队员一样毫不犹豫地上阵。他对此做出解释：

> 谁比较空的时候，谁就上去做，谁累了就休息一下。如果规定了谁做什么，谁不做什么，那有些事情这个人就永远都不会。疫情隔离的时候，我们家每个人都是既能带娃，又能做家务、烧饭。会有一个默契，不是说只有老婆能做，我就做不了，需要的时候，像救火队员一样顶上去。有些时候是需要夫妻两人一起上，比如我带儿子去踢球，妈妈站在边上，拍拍照，带带球，跑一跑，参与一下也挺好的，全家其乐融融。有些时候是谁擅长做什么就去做，我老婆英语口语比我好，那就由她来给小孩读英语绘本，教一些日常对话。

在成为父亲的六年时间里，他体验到了和孩子慢慢建立亲密关系、一起成长所带来的乐趣和成就感。他尽量每天准时下班，和全家人一起晚餐，等孩子入睡后，再继续加班。在他看来，陪伴孩子长大是非常宝贵的经历，如果现在错过这个阶段，将来很难再弥补。在具体的育儿方法上，和自己的父亲相比，他更加重视与孩子的柔性沟通，不主张通过言语和肢体的暴力来管教。而且比起通过严厉管教来表现出父亲的威慑力，他更希望通过长期的以身作则和耐心陪伴来达到教养目的。

> 小时候我爸对我很严格，他会很凶，遇到问题很大声地批评我、教训我，有时候甚至还会扔家里的东西。我自己带孩子的时候，几乎没发过脾气。我对儿子是循循善诱的，会和他讲一些人生的道理。我肯定是反对暴力沟通的，有话好好说嘛，或者说就是以身作则。给予（他）一个有爱的、宽容的环境，（小孩）自然会健康成长。同时要见世面，带他多出去走走，多见见不同的人。我觉得情商比智商更加重要。

第七章中曾经饱受"鸡娃"焦虑的张琳，她的丈夫晓辰认为，妻子比自己更擅长做规划，主要由她来把握和决定孩子教育的大方向，他则更适合扮演"白脸"的角色。妻子和孩子产生分歧时，他会像"救火队员"一样去努力平息两者的矛盾：一方面为妻子提供情感上的支持，平复她的心情；另一方面，他会发挥自己的优势，比如通过陪孩子运动，在出门社交中潜移默化地解决问题。和李帆类似的是，他比伴侣更加注重孩子与外界的关系和连接，更倾向于引导其走出家庭的小范围，在和他人的相处中获得成长和改变。晓辰总结说：

> 有时候我感觉正面聊的话，收效不是很明显。道理可能大家说一说都懂，但压力不会缓解。更多还是采取一些行动，转移下注意力，希望在日常生活中慢慢去磨。在大家高高兴兴、吃喝玩乐的时候就把事说了，顺便把道理讲了，那时候（小孩）的反感会比较弱一点。我喜欢带着孩子和同事、朋友见面，小时候他还跟我出差过好几次。他应该比一般小朋友去过的城市多。我一直觉得多出去见见世面对小孩的成长挺有帮助的。我儿子小时候比较敏感害羞，他现在比小

时候要好很多。

与前两种类型的父亲相比，"救火队员爸爸"们愿意与妻子共同分担育儿任务，一起面对孩子成长中的问题，积极扮演一个倾听者和执行者的角色。他们也都喜欢通过玩耍和游戏，或是带领孩子进入家庭以外的世界，在更大的社交范围内去构建具有安全感、支持性、互动性的亲子关系，从而帮助孩子解决成长中的难题。另外，他们都很看重和妻子的关系，会留意她们在育儿中的心理变化；信奉家庭是一个紧密交织的单位，凡是影响父母的，也会在一定程度上对孩子产生影响。比如，李帆会经常和妻子聊天，讨论孩子成长的问题，而不是将所有大小事务都留给妈妈去解决——

只要我不加班，我都会在睡前和妻子聊会儿天。她心思细腻，对小孩成长中的变化会比较敏感。我会仔细听听她的想法，然后想一想自己还能多做些什么。我觉得这样有商有量挺好的，带起娃来不容易有矛盾。让孩子生活在一个有爱的环境里，特别重要。

帝企鹅爸爸

在动物界，大多数动物爸爸不承担孵化、养育幼崽的主要责任，只有少数种类的动物爸爸在育儿方面有高度的责任感，比如，生活在极寒地带的帝企鹅就是其中一种。雌性帝企鹅下蛋之后，雄性企鹅会主动、自觉地接过孵卵任务，时间通常超过一个月，甚至长达两个月的时间。在幼崽破壳之前，帝企鹅爸爸们日夜守护，整个过程非常专注，不舍得离开半步，在酷冷的风雪天里不吃不喝，仅依靠身体原有的脂肪来支撑自己的生命。在此期间，由于过度的辛劳和消耗，帝企鹅爸爸的体重也会出现大幅下降。好不容易等到蛋破壳，它们还会将幼崽继续守在自己温暖的育儿袋中进行呵护，可谓是专业奶爸级别的看护。我们姑且用"帝企鹅爸爸"来描述一些愿意主动分担、高度投入育儿的男性们。

小伟，31岁，女儿11个月。回忆起在医院里第一眼见到刚出生的女儿，他的嘴角洋溢起初为人父的幸福笑容。

那是他一生中从未体验过的喜悦。既激动又满心担忧，守在小婴儿身边，时不时地起身观察，整夜睡不踏实，他这样描述当时的状态：

我第一反应是，哎呀，我当爸爸了，这是我的孩子，我的孩子长这样，感觉很激动。女儿出生的第一个晚上，睡在医院的透明塑料小床里，我睡在旁边的椅子上，半夜感觉她一点动静都没有，就起来看一眼。我说别出什么事儿，睡着了，被子堵住鼻子什么的。就是完全不知道父亲这个角色要干吗，只能看一看，担心她睡得不安稳或者怎么样。看她安稳呼吸，没什么问题，我就躺下来，然后睡了没多长时间又主动醒了，又起来看……

我老婆刚生完，身体很虚，需要休息。我说我除了不能喂奶，其他的事情都可以学着做。比如，她喝完母乳，第一次拍嗝是我抱在身上给她拍的。给她换尿布的时候，哎哟，又拉了一泡，溅了爸爸一身，这种感觉挺幸福的。

从妻子坐月子开始，小伟便主动分担了育儿的工作。在他看来，照顾孩子是一个父亲的权利和义务，他不希望置身事外。

晚上我睡在她们中间，左边是老婆，右边是小床。宝宝醒一定是我先醒，然后我把她抱去妈妈旁边喂奶，换尿布。有时候宝宝夜里醒了，我会拍一拍，安抚一下……我觉得是我该做的，所以没有什么。有些妈妈可能会和爸爸说：算了你什么都不懂，不要掺和了，你在这儿反而捣乱。反倒是有意或无意剥离了父亲在（孩子）成长中的参与。无论什么阶段，父亲的参与既是权利也是一种义务。爸爸自己要想通，也取决于家里的氛围，包括孩子的妈妈是怎么想的。

小伟的妻子热衷于从社交媒体或书籍上获取育儿方法，同时会让小伟跟着一起学习，照着实践。相较而言，他更愿意相信自己的亲身体验。在他看来，越早深入参与育儿，越能强化亲子连接。而作为一个女儿的父亲，由于性别的界限，更应该在孩子婴幼儿时期珍惜彼此相处的亲密时光，

"以后闺女大了，一些事情就不方便做了，比如帮她洗澡、亲亲抱抱……"初为人父尚不到一年的时间里。小伟每天下班后就回家陪女儿、妻子。和朋友、同事之间的相聚次数比起从前大大减少。每次聚餐之前，他都会提前"请假报备"，并且严格控制自己的饮酒量，尽量保持清醒地回去。偶尔到家晚了，他会担心妻子失望，会因为自己没有帮忙分担育儿工作而感到愧疚。小伟认为，结婚成家代表着个人责任的增加，进入三口之家的模式后，肩上的责任又进一步增加，不论男人还是女人，都需要平衡好工作和家庭，甚至做出取舍。他认为这是一种个人基于价值观的选择，而非不得不做出的牺牲。

　　每个人都会做出不一样的选择，跟家里的关系、相处模式，可能就是价值观的一种体现。如果家庭和睦，哪怕我可能工作不太顺利，或者说比较难、比较累，我会觉得也没什么大不了的。如果回到家还得费尽心思去调和矛盾，我就会觉得特别累，所以我尽量多顾家一些，把家庭关系弄好一点。我觉得我离不开家庭，孩子也只有一个爸爸一个妈妈，如果因为工作很忙，常年不在她的身边，或者应酬很多，陪伴很少，最多视频一下，这对孩子来说就是一种缺失，是吧？孩子的成长过程是不可逆的，没办法回过去。就是这段时间陪伴少了，之后再努力你也弥补不回来，那是工作上再大的满足感也没法抵销的，心里还得一直承受着愧对孩子的这种煎熬……

曾力，41岁，儿子8岁，结婚之前曾打算丁克，当时的女朋友，现在的妻子，没有明确表示赞成或否定。随着生育年龄和长辈催生压力的到来，妻子决定在35岁那一年当妈妈。在曾力看来，生育对女性职业发展和个人生活改变的影响要大于男性，因此他选择尊重这一决定，同时在内心也做好了生活被改变的准备："我一定会控制不住自己，一定会非常喜欢（孩子）的，然后我会主动失去自己的世界和生活。"曾力坦诚地说："如果我们没有生孩子，会过上和现在截然不同的（生活），有可能和妻子换个竞争压力小一点的城市生活，做自己想做的事情，到处旅行，走走看看。"现在他和妻子将很大一部分的业余时间花在小孩身上，生活上两人尽量平分工作。"这方面其实孩子的妈妈平时要操心多一些，让她多照顾衣食方面，她会有安全感一些。"在孩子的教育和学业安排上，曾力和妻子商量讨论后一起执行，他努力发挥自己的优势：

> 每个周末下午我会固定带他去踢足球。没有送去外面的培训班是因为我自己喜欢足球，而且也是一个和小孩交流的机会。我会去网上看一些足球的教学视频，研究好了再来教孩子。有时候会约上关系比较好的几个小朋友一起玩，作为一个固定的户外运动项目。每天晚上我和太太在晚饭之后会陪他一起去散步，我会觉得这就是一个很好的聊天沟通的时间。有时候我们三个一起，有时候分开，因为我和我太太想跟小朋友聊的事情可能也不一样。我会聊一些数学题，口头算个24点，口头做一些数学的应用题，也会边走边说一些古代诗人的故事。我太太跟他在一起会聊一些他学校里面发生的事。

在小伟和曾力看来，之所以能和妻子达成比较默契、分工又明确的育儿模式，一方面是因为他们将工作和生活的界限分割明确——"尽量不加班，不应酬，不晚归"，以保证在时间和精力上能比较充足地照顾孩子（这当然有工作性质的支持，并不是所有爸爸都有机会做到）。另一方面是，在做父亲之前，他们已经深深明白，生命里从此多了一个需要为之全身心付出的小人儿，这并不总是一件轻松愉快、和乐温馨的事情，常常伴随着疲惫和缺觉，需要牺牲一部分个人的时间和空间，需要高度的耐心，更需要与伴侣长期并肩行动。身为父亲，不仅仅是孩子的一个玩伴，更是育儿主力之一。照顾孩子是夫妻的共同责任，并非女性的单方面付出。

中国社会深受儒家父权制的影响，传统父亲的主要责任是扮演严格的家长角色，在纪律和道德规范上，树立一个母亲难以替代的榜样形象，与孩子的日常生活照料保持一定距离，多数时候维持着"严父慈母"的养育关系。在当前的家庭教育中，一些母亲居于核心地位，父亲更多起到的是协助作用，但并不表示父亲的实际作用是隐形的、被简化的。在社会意义上，当一个人进入父亲的身份时，他也就选择进入了一段与孩子的关系。剑桥大学心理学家迈克尔·兰姆（Michael Lamb）早在其 1976 年出版的《父亲在儿童成长中的角色》(*The Role of the Father in Child Development*)一书中就指出，尽管母亲、父亲与孩子一起活动的类型不同，但他们对孩子的影响是类似的，如道德发展、社会交往能力、学习成就和心理健康等。[1]

在家庭教育中，父亲的积极协同教养会促进良好家庭氛围的形成，减少家庭内部夫妻之间的冲突，有利于建立起亲密的亲子关系，并给孩子的成长过程带来更多的安全感和信任感。霍克希尔德在《职场妈妈不下班》中曾提到美国的情况："相较于父亲不投入的孩子，父亲高投入的孩子在社会适应能力和情感适应方面表现更好，在学业考试中的成绩也更好，父亲高投入的儿子，更有可能视自己为个人命运的主宰，并且在言语智商测试中表现出更成熟的心理年龄。"[2] 可见，父亲除了是家庭的经济提供者，是孩子的朋友和玩伴，同时也是照顾者、角色榜样、支持者等。随着时代和文化的不同，这些角色的承担侧重各有不同。从儿童心理发展角度来看，整体而言，如果父亲在养育中

---

[1] Michael E. Lamb, *The Role of the Father in Child Development,* London: John Wiley & Sons, 1976.

[2] 阿莉·拉塞尔·霍克希尔德：《职场妈妈不下班》，第 277—278 页。

尽可能多地付出和陪伴，可有效帮助孩子在童年时期建立一个富有安全感的、有爱的屏障，使其受益终身。

"帝企鹅爸爸"们就代表了这样一类男性：他们会体谅女性成为母亲后可能遇到的种种变化，思考并实践如何共同分担，营造良好的家庭氛围，如何在工作和家庭之间做出选择和调整，以及如何承受可能会为之付出的代价。他们在育儿的过程中不仅是一个执行者，而且会发现问题，主动看见妻子的诉求，并且有策略性地给出解决方案，共同投入育儿。他们和孩子在语言、行动、游戏中多维度地互动，及时回应和支持其需求，满足其成长所需要的资源，包括物质和其他无形的资源。他们全心投入父职工作，必要时会调整自己工作和社会活动的时间，以便与照顾孩子的责任相匹配。这就好像在地球上最严酷寒冷的天气里，没有什么能够阻挡帝企鹅爸爸们完成一生中最艰巨、最重要的任务，努力为小企鹅提供安全可靠的保护，以及温暖、细心的照料。

"时间贫穷"的男人

从上述四种爸爸来看，一些男性在育儿付出程度上明显少于女性，除了受到传统观念的影响之外，还面临着"时间贫穷"的问题。如果说一些女性是在工作和孩子之间忙碌得脚不沾地，那么一些男性的时间困境则是让上班、加班、应酬占据了大部分的精力，大大挤压了和孩子相处、交流情感的空间——这其中既有个人主动的选择，也有工作环境竞争激烈的无奈。有些受访男性表示好像被浪潮推着走，没有太多自主的选择，只有靠年轻时多拼搏，在行业内抓住上升的机遇，将来才可能免于被降薪或是裁员的风险。随着近年来对于家庭中性别分工的讨论越来越多，男性参与育儿的方式、投入的程度，及其和工作的关系，亦在慢慢地发生着变化。

首播于 2004 年的英国动画片《小猪佩奇》（*Peppa Pig*）讲述了一个二孩家庭的故事：猪妈妈是一位童话故事作家，平时主要在家工作，承担了很大一部分育儿和家务；

猪爸爸是一位建筑工程师，在动画片中常自称是多方面的专家，却常由于过度自信而将事情弄得一团糟。前者像是家庭里的CEO，表现得理性、明智、顾全大局；后者是一位支持者，虽然态度积极，但行动上有些笨拙，当他把家务事搞砸时，总是会第一时间向猪妈妈求助。这样的家庭分工脱胎于传统的男主外、女主内模式，直到今天依然没有发生本质的变化——妈妈的工作时间富有弹性，以方便照顾一儿一女，爸爸主要承担赚钱的责任，不擅长处理家庭事务。而另一部首播于2018年的澳大利亚动画片《布鲁伊》(*Bluey*)，则更加突出父亲的"高质量陪伴"，其独特之处在于完全颠覆了传统的家庭分工，妻子外出工作，丈夫一边在家工作一边自己带娃，塑造出一位性格风趣幽默、充满活力的父亲形象，并且擅长通过游戏来陪伴孩子，引导成长，获得无限快乐的亲子时光。

从这两部非常受欢迎的动画片中可以看出，父亲高投入时，会收获完全不同的育儿体验，孩子的想象力、创造力、心智都能得到发展的同时，还可以在寓教于乐的游戏中共度快乐亲子时光。然而，一些父亲迫于职业上的危机感，很难做到给予孩子高质量的陪伴。访谈中，多位父亲表示，自己的工作技能并不具备不可替代性，很有可能会随着年纪的增长而职场价值降低，面临收入停滞甚至是滑坡的情况。这样真实又残酷的危机意识，导致部分男性在工作和生活之间失去了边界感和自我掌控能力，无论是周一还是周末，他们总是以工作安排为优先。显而易见的是，在费力适应丛林法则和做一个好爸爸之间，他们表现出了无奈与无措。比如，任杰已经是一位颇有经验的中层管理者，依然多次在访谈中表达出强烈的职场危机意识。这也是他宁可忍受夫妻两地分居，也要放手一搏的原因。访谈的最后，他流露出已经做好接受另一种人生设定的准备：

> 我今年 37 岁，如果这几年不做出些成绩来，那么再过几年，很有可能就不进则退了。如果我 40 岁创造的职场价值跟 35 岁是差不多的，从性价比的角度来说，公司很有可能就会选择更年轻的人。如果现在我做着自己喜欢的工作，多花些时间，多攒点钱，万一几年后被淘汰出局了，我心理落差也不会太大。如果真的做不出什么名堂来，我也不会硬挺着，对吧？我就回来。对我们（夫妻）俩来说，至少有一个人要在

事业上跑得比较快。我老婆现在工作挺好的，如果她比我升得更快，赚钱更多，那我也要去接受她更忙的（状态）。大不了到时候，我多陪陪女儿。

今天，越来越多人不再固守于"女人的人生就是家庭，男人的人生就是工作"这一观念，很多人都在思考如何重新分配自己的时间：男人可以适当地减少工作，拥有更多属于个人、留给家庭和子女的时间，不用总是被工作、外部的社交需求所占满；女人可以参加工作，或是增加对工作的投入程度和强度，不再做那个唯一需要在育儿—家庭之间做出平衡的人。从家庭结构来看，如此调整或许让为人父母拥有了更多抵御外界重大变化的能力，不论对于家庭经济结构还是个体的发展而言，都是更加健康、可持续的选择。我们发现，仅仅依靠个人的力量，家庭很难走出困局，达成较为平衡的分工。在低生育率的风险已经来临的当代中国社会，能否鼓励适龄男女生育，其关键之一在于反思生育政策给予母职和父职的支持，这会大大影响这两个角色在家庭中的分工与构建。如果我们默认大多数成年就业男性迟早将成为父亲的事实，那么更新父职内容，并将其引入相关法律规定中，从本质上调整男性在职场上的生存节奏，让他们有足够的意愿、时间、责任感与妻子共同分担养育任务，已经成为一种迫切的现实选择。

第九章

女人的未来是妈妈吗？

今天，随着女性越来越多参与到经济活动中，她们的财务能力、身份认同、自我期待等，都发生了质的转变。她们越来越确认，只有母亲背负起所有的育儿职责，扮演"妈妈超人"，并不是一项长期且行之有效的策略。在母亲的称呼之前加上"伟大""完美"等定语，事实上是期待女性们能独立完成所有的事情，一边鼓励女性追求事业进步，一边要求她们必须是一位有爱、有耐心、具备各种能力的妈妈。越来越多的女性尝试厘清什么是社会要求女性做到的，什么是自己内心真正想要达成的。她们开始思考：如何让伴侣更多地分担家务，深度参与育儿的琐碎工作？除去母亲的角色，女性是否可以和男性一样同时兼顾其他的社会身份？在家庭里寻求支援之外，是否还有其他可向外探索、实现自我的办法？

放弃一些母性的幻想

如果说每个男人小时候都有一个拯救世界的英雄梦的话，那么很多女性在童年时，都曾经有过成为母亲的幻想。玩"过家家"的游戏时，把一个洋娃娃抱在怀里，给它"喂奶"、讲故事，再穿上各种漂亮的衣服，这大约是许多女性最初的母职实习。长大后，当一些女性成为母亲，拥有了属于自己的孩子，对他／她做着小时候在洋娃娃身上做过的事情时，一切都显得那么顺理成章，水到渠成。

这样的起始印象，加上传统文化的影响，让很多女性都不免将与小孩有关的工作和职责归到自己身上，并试图亲手营造出温馨、安宁的家庭环境，以符合社会和家人的期待。很多年以来，这都被认为是理所应当的。本书中的一些访谈对象在进入婚姻前，或是做母亲之前，半数以上从未想过要求和丈夫平分家务，只是默认对方会承担部分"他会做的或是愿意做的家务活"。男性和女性在心理上的性别分工决定了参与家庭事务、投入育儿的程度。很多女性虽然接受过良好教育，且有一份能支持自己经济独立的工作，依然会将育儿和家务的主要职责揽在自己身上。在教育专家的倡导之下，一些女性相信"3岁神话"，在竞争越来越激烈的社会里，还有人将这样的"神话"延迟至小学阶段：考虑到启蒙教育的重要性，由高学历妈妈来全职辅导孩子学习，或是在其中扮演主要的协调者和教育者的角色，内容包含但不限于搜集各类辅导班信息、培养学习习惯、准备升学考试、陪练乐器等。即便是一些职场妈妈，也会以孩子的升学为优先来安排工作，主动调整，比如换一份能早下班回家、不用加班的工作，方便有更多精力投入课外辅导、盯住学业。而男性则不同，他们仍然会以工作角色为优先，家庭角色的扮演则可以是选择性的，并不会被列为首要选项。甚至结婚后，在父权制的影响下，他们更加强化了自己作为男性的社会属性，将更多时间放在赚钱养家上，并视之为理所当然。这样的男女搭配成了新时代的"男主外，女主内"，其中"内""外"所隐含的意义不仅仅是家庭的内外，同时是男女在心理认知上、个人责任上的归属感：男性继续保持向外求索，比如事业上的奋斗追逐、社交人脉的扩充等；女性则是更多向内探寻自己的身份构成，在由妻职、母职所搭建成的小世界中，来回逡巡，一边和孩子的成长紧密绑定在一起，一边思考应该如何保持自我。

女性在传统的性别分工设定之下，容易天然带入"我是妈妈，我一定可以""别的妈妈能做，我也行"的雄心壮志，期待化身为育儿专家、厨艺能手、时间管理大师。正如日本社会学者落合惠美子在《21世纪的日本家庭：何去何从》中指出的，"母性幻想才是女性幻想的核心，对女性来说，母性幻想是来自内心最强烈的束缚自己的幻想"[1]。在追逐完美的过程中，女性容易将自我束缚在一个狭小的空间里，不得不忍受不舒适，甚至将苦痛视为必要的体验。

比如，长期以来，产痛是母性幻想的重要迷思之一。影视作品中经常出现的画面是，一个女人全身大汗淋漓，双手用力抓住床沿，痛苦喊叫，五官扭成一团……事实上，在现代医学的帮助下，这样的画面可以被隐入历史中。分娩镇痛已经是一项非常成熟和安全的医疗技术。目前中国无痛分娩的整体普及率只有30%，对比英美等国家80%—

---

[1] ［日］落合惠美子：《21世纪的日本家庭：何去何从》，郑杨译，社会科学文献出版社，2021年，第137页。

90% 的普及率，仍有不小差距。[1] 主要原因一方面是中国医院和医疗体制设置的问题，产科麻醉还须大力改善和跟进；另一方面是产妇及其家人对无痛分娩的认知存在空白。在传统的观念里，女性的分娩之痛是正常且必须忍受的，可以说是"为母则刚"的第一道考验。老一辈女性会以过来人的态度劝说，"生孩子难免遭一罪，不忍一忍怎么能做娘呢"。还有不少人会担忧，打麻药进行无痛分娩可能会影响胎儿的健康和生长发育，这让很多女性即使听说过，也会出于种种顾虑而无法付诸实践。事实上，这是一种医学误区。在专家看来，无痛分娩的好处在于，可以帮助准妈妈在经历煎熬的分娩镇痛时，会对"到底还要疼多久"有一个预期。这一预期可以在最艰难的时候作为心理支柱，一定程度上缩减产程，最终实现顺产。[2]

另外，在很多女性根深蒂固的印象里，母乳是最好的

---

[1] 截至 2020 年，全国 900 多家试点医院无痛分娩的普及率已达 53%。但调研数据显示，尽管有 82% 的人表示愿意选择使用无痛分娩，但全国无痛分娩的整体普及率只有 30%，仍有近七成女性承受着分娩疼痛。参看《无痛分娩全国试点医院普及率达 53%，但 36% 民众存在认知空白》，《澎湃新闻》，2022 年 10 月 11 日，http://www.thepaper.cn/news Detail_forward_20247983。

[2] 《正视分娩疼痛　远离分娩恐惧》，《北京科技报》，2018 年 5 月 21 日，第 36 版。

选择，对婴儿的身心健康益处多多，既有助于建立亲密的母婴关系，还能降低婴儿患各种疾病的概率。但母乳真的是妈妈们唯一的选择吗？本书第二章曾提到加拿大学者考特妮·琼格对于母乳喂养的深度研究，她在拜访了世界著名的母乳喂养研究者后，得到了专家的如下建议：母乳喂养带来的不少功效，比如减少肥胖、过敏的发生率，实际上并不存在，而那些的确存在的功效也并没有我们想象的那么大。影响婴儿健康的因素有很多，比如母亲的生育年龄、生活习惯、教育水平、经济能力等。琼格在书中强调："人们可能把这些混杂因素产生的健康益处，都错误地归因给了母乳喂养。"[1] 在她看来，母乳喂养对母亲，尤其是职场妈妈造成的困扰却被长期忽视了：不完整的睡眠、价格不菲的吸奶器和哺乳服务等相关开支、在公共空间哺乳的尴尬、职场的歧视，更重要的是来自社会、亲属以及母亲自身的道德压力。在本书的访谈对象中，小熊原本计划母乳喂养至少一年时间，由于身体原因，在儿子三个多月大时便无奈暂停。她忍不住陷入沮丧情绪中，情不自禁地发

---

[1]　考特妮·琼格：《母乳主义》，第 83 页。

254

出感叹："我从来没觉得自己这么无能过。"如果母亲们能正视其中的束缚与偏见，卸下道德枷锁，回归理智就会明白，母乳只是健康喂养方式的其中一种，并不是婴儿的护身符或万灵丹。如果母亲们因为奶水少、疾病、工作忙碌等种种原因无法顺利实现全母乳喂养，而采用配方奶来替代，也不应该为此深深自责。

我们的社会文化对女性存在着"母职天赋"的迷思，认为子女与母亲之间有着更为紧密的连接，甚至在某些情感维度上，认为父亲是难以替代介入的。于是，对于母性的幻想不只在于女人可以生育、哺乳的生理功能，还将抚养一并看作女性与生俱来的能力。一方面，这些观念依然存在于大多人的心中，让男性在工作、育儿上做出想当然的优先次序安排，把父亲能做的和母亲能做的事情明显区隔开；另一方面，很多女性也深深赞同"天降大任"于母亲，在具体实践中，常常抱着宁可自己动手，也不愿放手让男性试一试的态度——"他笨手笨脚的，还是我做起来比较快，比较好"。可以说，在两性有意或无意的共同维护之下，"母职天赋"这一传统的迷思得以在现代社会延续下来。如果不从根本上打破这一点，不平衡的育儿环境大概率不会被改变。

本书访谈的这些妈妈们，绝大部分在和丈夫出现育儿矛盾后，都站在家庭关系和谐的角度，寄希望于对方能够积极改变。一位有两个孩子的妈妈认为，家庭成员中的爱是可以接力的。"比如对大宝越好，越让他感受到无论发生什么，父母都是爱你的，他越能给予爱，对二宝也是一样的。同样地，如果丈夫给妻子以足够的安全感和分担，妻子心情好了，两个人才能无怨无悔、齐心协力地带娃。"对目前只有一个孩子的母亲而言，当问及未来是否会再生育时，除了经济条件能否承担之外，丈夫的育儿投入度也是重要的考虑因素之一。还有一些女性已经主动放下了部分母性的幻想，不再希望自己在育儿中"无所不能"。孟莉（40岁，有一个4岁的儿子）说，不想因为总是在生活中扮演某某妈妈的角色，而慢慢失去自己本来的名字，也不想把大部分时间精力花在孩子身上，只以他的成就为成就，完全丧失了个人的兴趣和生活。她对此做出解释：

（我）有孩子这件事情是一个深思熟虑的结果。我有观察过周围很多朋友，或者即便是陌生人也好，他们有了孩子的状态。我要孩子也相对比较晚，所以我是先知道了一些可能会有的不愉快，我可能会承受的负担，然后才决定生孩子。在成为妈妈之前，我完全没有给自己立一个什么目标。我觉得我是一个什么样的人，有了孩子以后极大概率上还是这样一个人，也不指望我自己突然无所不能。和孩子的相处就是我适应你一些，你也适应我一些。有些我不太愿意做的事情，作为一个成年人，我可能会觉得（可以）理直气壮一点。因为我的人生也只有一次，你今年1岁、2岁、3岁、4岁，好像觉得这个阶段特别的宝贵，但是我的三十几岁也很宝贵，我的中年也只有一次。

"放弃一些母性的幻想"，乍一听到这个说法，你可能会感到错愕，难道是要女性去舍弃伟大的母性，抛弃育儿的责任吗？要知道，我们从不会吝啬于对母亲温暖、包容和爱的一面进行赞美，只是希望她们在忙碌而复杂的现代社会中，能够正视和尊重个人的价值，舍弃一些并不必要的束缚和枷锁；鼓励她们不再以"完美妈妈"为目标，而是将自己作为独立个体，平等地站在孩子和丈夫身边，一起创造一个平衡的养育环境。

退后一步：为父亲们留出空间

很多夫妻以育儿为起始点，重新在婚姻关系中审视彼此。婚姻是一种契约关系，也是一种社会关系，以它为中心，重新定义了我们和父母、孩子、工作、金钱的关系——这些都是人生的重要砝码，分散在天平两端，让彼此之间产生了隐秘的连接，任意拿走一样，都可能会让天平倾斜。本书访谈的这些夫妻中，一半以上是由曾经的同学或是同事发展成为婚姻关系，二人年龄相仿，比较像"朋友式夫妻"，因此遇到问题时，他们希望可以站在尊重彼此的角度，通过协商来解决。比如，韩冰发现女儿出生后，丈夫其实也承担着一些隐形的压力。在丈夫的传统观念里，男人是养家主力，有责任让老婆和孩子过上更好的生活。共同育儿的过程让原本自以为了解丈夫的她发现，两人的观念实际存在着巨大的鸿沟。她认为夫妻在遇到问题时，进行一些严肃的沟通，或是一些争吵，也是很有必要的。大家通过坦率表达来缩减彼此理解的差异，女性不应该害怕在婚姻里给出负面反馈，她对此解释道：

> 我觉得在育儿中的任何付出，都要让对方知道，哪怕只是简单的购物采买、家庭活动安排等等。这不是一种矫情，是很合理的。我以前总是把问题和解决办法都揽到自己身上，全靠一个人来应对育儿，时间长了是行不通的。不要害怕沟通、吵架，问题累积太多，时间长了，连架都懒得吵，可能真的就离婚了。当然如果能平和一点表达更好，要告诉对方你需要在哪些方面被认真对待，而不是简单地糊弄过去。

> 刚有小孩的两年里，我们吵过几次。深聊后，我发现他也有难处。创业压力很大，希望回到家里看见老婆把孩子都搞定了，他能安安静静地享受一个温暖的港湾，那我也能理解。他是第一次做爸爸，我也是第一次做妈妈，我们互相调整，互相支持。后来，在一些矛盾成为矛盾之前，我就会通过沟通或者是自我消化把它处理掉。

我们会发现，不论男女，都容易将自己对性别的惯有认知运用于家庭分工的实践之中。一个抛给职场女性的经典又俗套的问题是，"你如何平衡好工作和家庭？"而男性们几乎和这类问题绝缘，更不用对此做出任何回应。事实上，对于工作—家庭的平衡，不应该只由女性来面对和选择。男性身为家庭的建设者之一、孩子的家长之一，同样可以思考这个问题的正当性，提出改善的建议，采取行动。

此外，女性长期独自面对抚育工作，并不能成为家庭里一劳永逸的选项，母亲还可能因为过度的消耗而被推入一个充满限制的心理空间。落合惠美子在《21世纪的日本家庭：何去何从》里提出"母原病"这一概念，即因母亲而生的病。由于受到母亲的过度保护，小孩容易出现意想不到的生理或心理疾病，这背后的根本原因是，"母亲做起了全职妈妈，她们舍弃了原来的生活，没有其他生活目的，把照顾孩子作为唯一的生存意义。这看起来好像是对孩子极其不错的成长环境，反过来说，孩子也必须成为母亲的生活目标"[1]。另外，落合惠美子也提到，"母亲自身社会网

---

[1]　落合惠美子：《21世纪的日本家庭》，第84页。

络过于狭窄……如果帮助抚育小孩的人过少的话，也容易引发育儿焦虑症"[1]。换言之，当社会普遍认识到由母亲履行所有育儿责任会产生意想不到的负面效果时，大可突破传统文化的制约，去思考新时代的育儿方式，比如，提高男性的育儿参与度，让他们从承担家庭经济的职责中部分解放出来，让男女的角色在职场、家庭里重新排列组合。比如，给男性设立产假而不是延长女性的产假，后者可能会让女性遭遇更多的职场困境和歧视。而如果切换思路，让父职从孩子一出生就能够得到充分的用武之地，越早开始磨合、建立和妻子之间的育儿分工模式，和孩子拥有亲密的联结，越有助于育儿的长期实践。而且，随着孩子的成长，夫妻双方在育儿过程中将不可避免地产生各种矛盾，如果能够在早期形成良性的沟通机制，就更容易理解彼此的顾念，即使有分歧，也能朝着求同存异的方向去努力。

"妈妈把活都干了，爸爸就没活可干了呀，就像团队里如果有一个人特别能干的话，必然就有人会偷懒。"谈起如何能让另一半更积极投入育儿时，琪琪认为，妻子们必

---

[1] 落合惠美子：《21世纪的日本家庭》，第184页。

须策略性地向后退，才能为丈夫们留出发挥空间，让两人都可以兼顾工作和家庭。她和韩冰相似的是，都希望自己的点滴付出能被对方看见。她认为这是达成协作共识的第一步。

平时他工作忙，那就我主带（娃），周末我就多休息，他多带（娃）。我们岔开时间带娃，不用总是一起行动。我以前看他带娃笨手笨脚的，就说算了，还是我来吧，后来想想，还是要多给（他）机会。夫妻之间没有什么不好意思的，太客气了，压抑（自己的）需求，也换不来什么，对两个人的长久关系来说，也不一定是健康的。合作带娃，就算到不了神仙队友（的水平），至少不要做相互拉胯的猪队友吧。最重要的是互相尊重，两个人都要看到对方在家庭里的付出，不能对一些日常的（事情）视而不见，想当然觉得，哦，这很正常啊！这没什么的！比如，我给娃找合适的儿歌、选绘本，都是自己先花时间听了、看了以后再拿给小孩；还有买吃的、玩具、衣服，我都会在几个平台上反复比对再下单。我不说的话，他会觉得这些东西只要花钱，就能自动出现在家里……带娃看起来是没什么大事，但这些细碎的（事情）其实特别花功夫。

跟随互联网成长起来的一代人习惯于通过网购、线上教育、在线家校沟通等形式来完成精细化和密集的育儿工作。社会学者彭锢旎将之概括为"育儿中的数字化劳动"，她指出，其中包含大量隐性的、非物质化的劳动，涉及信息、知识、沟通、协调、规划与统筹等多方面，要求父母具备数字化相关知识和能力来满足孩子的需求。这些数字化劳动与父母在育儿中的体力和情感劳动互相交织，消耗父母的时间和脑力，并且呈现出隐秘性、碎片化和烦琐性等特点。彭锢旎深度调研、访谈了147位来自城市中产家庭的被访者后发现，在大多数家庭中，母亲承担了大部分的数字化劳动。她强调："母亲在育儿中付出的数字化劳动看似轻松，而掩藏其中的难度和琐碎却常常被忽视，数字化技术和社交媒体的运用并没有将女性从繁重的育儿劳动中解放出来，反而带来了一种新的育儿责任，并且强化了育儿分工的性别不平等。"[1] 比如，"永不下班的职场妈妈"一章里提到的蕾阳，她手机里的一款社交软件上，和孩子有关的聊天群组多达 13 个。为了不错过任何一条重要的信息，她全部设为置顶，常常在工作的间隙抽空处理。不过我在访谈中发现，也有少数父亲在数字化劳动中承担了更多的工作，这也证明了母亲的付出并非本该如此。设想中女性更擅长做的事情也不是一成不变的，父亲们也可以主动参与，妥善安排。

琪琪和丈夫采取了"接力跑"的方法。互交"接力棒"的过程，也是策略性地鼓励双方都做好时间和精力管理。让爸爸们将育儿列入自己的日程表，才能达到共同分担的效果。张琳则认为，可以在育儿内容上采取合理分工，双方做各自擅长的事情，这样既能提高陪伴的质量，也能缓解单打独斗式的母职焦虑。比如，她因为学业问题和儿子的关系陷入僵持时，丈夫在其中的付出与协作，帮助她度过了低谷期。

---

[1] Yinni Peng, "Gendered division of digital labor in parenting: A qualitative study in urban China." *Sex Roles*, vol. 86 (2022), pp. 283–304.

我们爸爸主要负责运动，我主要负责学习。我体育不好，他喜欢运动，特别会陪玩儿，会陪着（儿子）去跑步，打球，帮他在学习之外，锻炼了身体，放松一下心情。我以前觉得他性格软、和稀泥，特别看不上。我爱憎分明，什么都需要一个明确的判断标准，和他特别不一样。后来发现他这其实是优点，事情就是有很多可能性的，小孩的成长道路也不是只有一条。育儿上，他从来不指责我，对我完全接纳。我那时候工作压力大，和儿子关系不好，身体也不太好。他督促着我一起锻炼，让我能有松有弛，心里也没那么焦虑、紧张了。

不论是接力式育儿，还是双方做自己更擅长的事，都是在设身处地为彼此考虑，踏出共同分担的重要一步。如今，对于双薪家庭来说，无论男女都是养家之人，为日用开销、房贷、车贷埋单付账。这就为传统的两性分工撕开了一道裂缝，促使我们去思考，男女双方应该如何一边为家庭创造财富，一边共同承担育儿的责任。柯林斯在《职场妈妈生存报告》中写道："我所遇到的最为满意的妈妈们能够获得工作—家庭政策在各个方面的支持，而且主流文化态度也鼓励妈妈们和爸爸们兼顾有偿劳动和育儿职责。而最不满意的妈妈们必须得依靠市场提供的服务来缓解自己的工作—家庭冲突，不受到自己伴侣的支持，且所在国的文化环境认为育儿就是女性的责任。"[1]当爸爸们在家庭领域里向前进一步时，男女在育儿中的劳动和情感付出，才有望达成一定程度的平衡；当我们不再用"伟大""超人"等词语定义母亲时，她们才能得到真正意义上的松绑。

走出家庭：互助式育儿

"不要耗尽自己，借助科技、网络、书，也可以问有经验、信得过的朋友，提前去寻求攻略和经验，来帮助自己预判可能会出现的问题。"在育儿中，比起掘地三尺靠自己解决，孟莉更喜欢去寻求外界的各种援助，不论是网络上的陌生人，还是身边的朋友，除了教会她一些实际的

[1] 凯特琳·柯林斯：《职场妈妈生存报告》，第 38 页。

育儿技巧之外，也让她感到并不是孤单一人在面对各种困难——

　　我儿子8个月的时候，晚上老是夜醒。当我有一次在搜索框里面输入"婴儿8个月"，然后还没有打完，就自动出现了一些智能的关联词，排在前面的几个就有"8个月睡眠倒退"。然后我就笑了，因为我觉得这不是我一个人遇到的问题，这是一个普遍的问题，是绝大部分人都会遇到的问题。如果代换成孩子成长当中的很多其他问题，你说出去的话，就会发现大家都是这样，你不是孤单的……

　　从个人的经验出发，看见并且承认一些问题的普遍性，是互助式育儿的初级表现形式。随着孩子的成长，学习、社交活动的需求变得越来越大。如何让孩子一出家门就能在社区中找到玩伴？妈妈们又如何在大城市中找到抱团取暖的渠道，缓解教育的焦虑？不妨走出家庭的小环境，多一些公共性的选项。比如，由几个全职妈妈牵头在社区内部组织绘本共读、手工等活动，让孩子们在放学后、假期中有处可去，缓解家庭的部分养育压力，解放母亲们的劳动力。除此之外还可以有的互助方式，是教育理念相近的四五户人家在假期或是周末集中育儿。比如，秦云（40岁，有一个10岁的女儿）因为不想让各种机构的培训班塞满女儿的课余时间，便和三个朋友商量成立了一个松散的"育儿共同体"，先是定期在周末轮流给孩子讲解古诗词、数学、历史等知识，由于上课场地不固定等因素，之后改为组织近郊徒步等户外活动。她认为育儿并不局限于一个个独立的小家庭中，和志同道合的朋友聚在一起"抱团养娃"，既可以帮助缓解妈妈的教育焦虑，也能让爸爸们更好地参与进来，增加家庭成员沟通情感的机会。

一开始我们是每两周找个时间上些学校里没有的课程。有个妈妈喜欢古诗词，她会给孩子们讲讲诗歌和诗人的故事；有个爸爸在博物馆做研究工作，会讲一些历史知识……时间长了发现很难持续。一是场地不好找，特地租一个的话，北京的价格不便宜。另外是同一个内容讲多了，要讲出新意，还要有专业性、知识性、趣味性，就很难。加上孩子们年级慢慢高了，周末作业挺多的，再上课的话，他们也累。所以我们后来就改成户外活动。

　　爸爸们对徒步的参与度都非常高，我老公也很喜欢。有的时候家里面闹矛盾，其实很难在家庭里面自动解决，吵来吵去又吵回原来的那个问题了……一起出来玩，好像家庭矛盾也能慢慢得到解决，大家聚在一起，爸爸们会去学别人，看其他爸爸怎么带娃。徒步的时候，一般都是爸爸走在前面。小孩们也知道妈妈们走在后面能管好自己就不错了，（他们）都要靠爸爸保护。碰到不太好走的地方，爸爸们一个个地（把孩子）抱下来。我站在他们下面，看着这个画面，觉得还是挺感动的。

朱虹（39岁，有一个8岁的儿子）和社区中的四位邻居成立了相似的"育儿共同体"。起源是年龄相仿的几个小朋友相约一起做寒假作业，慢慢演变为家长们将孩子定期组织起来，发挥各自的专业特长，带领着他们一起学习和运动。后来也遇到了和秦云相似的问题——课程内容难以系统和持续化。然而朱虹并不为此感到遗憾，她认为"上课"并不是抱团育儿的重点。为孩子们创造一个快乐的成长氛围，家长们在育儿中收获友谊，"大家聚在一起，然后解决问题"才是更难得、更宝贵的事情。

　　开始是寒假的时候没地方去，三四个小朋友就固定在一个邻居家里一起做作业。一般做好作业后，大家到小区附近的免费小公园里面去做一些户外运动，骑车、跑步、踢球、打篮球等等，主要是爸爸们轮流带领。我们几个小孩的父母，有的做大学老师，有的是记者，就把孩子们组织起来上课，科学启蒙课、创意写作课等等。上课的内容也没有那么具体，（我们）也都是在摸索着。孩子的年龄有差异，如果听得懂就听，听不懂的可以在旁边做自己的事情。

　　我们还在社区里举办过小规模的音乐会。小朋友们有的拉小提琴，有的打电子鼓，有的弹电吉他。由一个邻居爸爸负责所有统筹协调的工作，制定出演职员表，找时间组织大家排练。他还特地向居委会申请了一块社区里的空地来办（音乐会），最后办得很圆满。孩子们比我们想象中表现得还要好，都很投入，家长们也觉得很开心。如果不是一起带娃，（不是）有这次音乐会，很多人可能都只是点头之交吧。这场音乐会真是孩子们送给我们的礼物。

比起重新发现社区，以社会的力量引入互助式育儿，抱团带娃更是挖掘了附近中的"小附近"。有着相似教育背景、育儿理念的城市父母们试图为孩子在家庭和学校之外，创造一个亲和、团结、有爱的成长环境。居住相邻提供了便捷的地理环境，容易形成一个长期稳定的小团体。小团体中的孩子们混龄相处，自然而然地感受到形形色色的社会交往，理解更为丰富的人际关系。比如，年龄小的孩子会向大孩子学习社交技能，大孩子会主动帮助弟弟妹妹们，尽力表现出可靠、有礼貌、能独立处理小问题的一面。这是在仅有一个或是两个孩子的家庭中，难以发展出的社交纽带和行为模式。而一些连轴转的职场妈妈们常常对周末的带娃"工作量"感到格外疲累，结伴育儿既能解放她们部分的劳动力，也能让她们在小团体中观察到爸爸们不同于平日在家庭中的一面。比如，在秦云看来，丈夫在外带娃表现得比在家里的参与度更高，她分析道："平时家里比较多的都是生活照顾上的'细活'，没有太多他发挥的空间。出了家门，他能做的事情变多了。尤其是徒步这种男性气质比较浓、更需要力量的事情，他会很投入。一开始我还挺惊讶的。"

对一些全职妈妈而言，互助或是抱团育儿更让她们走出家庭，和附近建立紧密连接，看见一些公共性的选项，也看见男女育儿分工的可能性；同时意识到，育儿并非是一个人在狭小空间里的单打独斗，可以借助更多不同的教养方式，在一个较为开阔的环境里进行。

不生，还是生一个、两个？

上一辈的女性通常认为，如果一个女人这辈子不生个孩子，就是不完整的。而这一世代的女性越来越倾向于降低这两者的关联度。越来越多的女性意识到，生育是一条分水岭；当验孕棒上出现两条红线时，人生像是走到了十字路口，开始隐隐担忧生育对于职业发展、自我身份认同都会带来一言难尽的影响。

那么，在这个时代里，女性的个人价值究竟依靠什么来体现？工作？家庭？还是两者兼顾？美国作家珍妮·赛佛（Jeanne Safer）在决定不生育后说出了这样一段心声："真正的自我接受，真正的解放，都需要清醒认知自身的局限，而非自以为是地否认其存在。不管有没有生养子女，女性都可以实现自我；你不用拥有一切，也可能拥有足够丰富的人生；这是事实，也应该被认清。"[1] 孟莉36岁时才选择成为母亲，生育这一选项此前并不在他们夫妻的计划范围之内。她认为，有一份自己热爱的工作，又与伴侣感情融洽，并不需要再通过一个"爱的结晶"来让两个人的关系更为牢固，也不需要追随"因为孩子，一个女人才完整"的传统观念，女性应该"自己足够完整了才做母亲"。琪琪31岁时成为母亲，这是她一直盼望的事情。而在放下工作照顾孩子的两年多时间里，她感到自己逐渐远离了主流的生活，和丈夫的职业发展之间出现了明显差距。她为此焦虑乃至失眠。她没有预料过自己会因为生育而付出这般代价，坦言如果提早知道的话，"一定不会中断工作"。韩冰一直在工作和育儿之

---

[1] ［美］梅根·多姆编：《最好的决定》，于是译，人民文学出版社，2021年，第227页。

间反复挣扎。她想做一个顾家的好妈妈，也想在事业上更进一步。当双方父母不约而同地提出"再生一个，凑个好字"，考虑到自己身处职业发展的关键期，她拒绝了这一充满风险的要求。周周决定不再生育二胎。身为独生子女，她和丈夫将来需要担负起赡养四老的责任，"如果再来一个小的，我们压力太大了"。因为工作需要，咏儿和丈夫分居两地，短期看不到团圆的可能性，她坦白说："他连家都顾不上，我怎么想二胎这件事？"而在丈夫积极投入"第二轮班"，共同分担育儿工作后，全职妈妈吴思渐渐拥有了个人的时间。她开始一边在朋友的公司线上兼职工作，一边备孕二胎。

　　进一步而言，生育不再是限于家庭内部的决定，它关系到职业女性的保障政策、养老福利、夫妻权利关系、职场文化等多方面因素。它们相互作用，让这个时代的婚育问题变成一个个不再非黑即白，也不再仅仅落在女性身上的问题——结婚还是不结婚？生孩子还是不生？如果生孩子，是生一个、两个、三个？就像落合惠美子所言："人们在不同时期做出不同的选择，从与结婚和生育相关的情况来看，可以预想未来会出现比现在更多类型的生存方式……如果不是因为孩子可以带来经济效益（将孩子作为生产资料），不是因为大家都生（现代家庭规范）的话，人变得自由后就必须自己找出生育孩子的理由。因为高兴所以生孩子（将孩子作为耐用消费品），如果用更冠冕堂皇的理由就是因为养育孩子本身使人拥有了无可替代的人生体验，最终也许就只能是这个理由了。"[1] 本书中深度访谈的这些女性，都会为生育或是暂时不再生育找到一个理由。无论是用来开导自己，还是说服家人，这都是在父权制度下，尝试重新建立家庭性别分工的第一步，也开启了更加看重自我实现的价值、更多争取"为自己而活"的序幕。

女人的未来

美国著名社会学家赖特·米尔斯（C. Wright Mills）在20世纪50年代提出了"社会学的想象力"，即将个人境遇想象为公共议题，在历史中看见个人与社会交织互动的细

---

[1] 落合惠美子：《21世纪的日本家庭》，第192—193页。

节，也可以称之为一种独特的"心智品质"。[1] 拥有这样的心智品质，可以让我们普通人的眼界、力量不再囿于自己生活其间的私人圈子，工作、家庭、邻里的那一亩三分地。

米尔斯的这一概念给予了我灵光一触的启发，如果女性首先从工作—育儿难以平衡的困扰中清醒过来，将私人领域中遇到的种种困难与挣扎，放在大环境下交织互动，便会认识到一个母亲遇到的问题，不仅仅是家庭的问题，也是城市的问题，更是所在社会系统中庞大而普遍的问题，是社会对于一个女性习以为常的规训。意识到这一切时，女性仿佛在一间本已熟悉的房子里惊醒，周围所有的家具、摆设都没有改变，却开始透过千篇一律的日常生活，跳出既有的框架去思考——何为母性？是否可以不再重蹈上一辈女性的覆辙，主动为自己的人生争取更多可能性？当女性的眼界不再局限于狭小的厨房和婴儿床边，就会发现个人的选择和努力镶嵌于时代的齿轮运转之中，成为母亲所遭遇的困境有时和个人的能力无关，而是更多和社会发展、生育政策等有着千丝万缕的联系。换言之，如果没有履行

---

[1] ［美］赖特·米尔斯：《社会学的想象力》，李康译，北京师范大学出版社，2017年，第319页。

母职的友好环境，女性必然会感到困难重重，并容易陷入自我的怀疑之中。

随着历史的变迁，母职的内容也发生了巨大变化。20世纪40年代，接受过良好教育、参与社会性工作的女性为极少数，母职的主要内容是家务、照顾孩子，多数时候靠男性实现家庭经济的供给，是典型的"男主外，女主内"模式。50—70年代，"时代不同了，男女都一样"，越来越多的女性参加工作，用自己的劳动撑起了"半边天"，可是落在母亲身上的抚育工作从未减少。80—90年代计划经济开始转型后，越来越多的单位制企业取消了厂办托儿所、幼儿园，照顾婴幼儿的任务再次落在了工作的妈妈们身上，很多女性在成为母亲后，家务与一日三餐的烦琐消磨了她们对事业发展的追求与向往。而随着2000年之后消费主义带来的文化转型，社会对于母亲们又提出了进一步的要求，不仅需要她们在生活上做个优秀的照顾者，而且要在孩子的认知启蒙和教育上做个称职的"家庭教师"。这样的转变"对'工作母亲'无异于釜底抽薪，使得'工作者'和'母亲'双重身份的冲突加剧。随着数十年来市场改革的逐步深化，母亲的双重身份又在各自的维度上，被资本的力量推动着进一步精细化，其间的张力被进一步深化"[1]。

从女性的个体经验而言，在工作和育儿的双重使命之间不断切换，不仅需要付出大量时间和精力，还时时体验着二者带来的拉扯，很多女性会在内心深处一遍又一遍地担忧自己做得尚不足够。尽管借助现代科技的发达与便捷，在家务劳动上，女性看起来得到了很大程度的解放，但是由于当代母职更加强调教养的"教"，能否培养出一个世俗意义上的好孩子，成绩优秀，考入名校，获得一份好工作，通过教育来实现阶层的流动、跃升，这让很多中产阶层的高知女性纷纷陷入焦虑之中。她们感到自己与孩子的成长荣辱与共，孩子的成功是一个家庭的成功，而孩子的失败则会让她们忍不住责备自己，"是我工作太忙了，没有尽到一个母亲对孩子的责任"。对于一些放下事业、全身心投入育儿的全职妈妈而言，她们迫切希望将自身的实力和竞争力传递给孩子，在下一代身上结出丰硕的果实，而她们自己则会在漫长的育儿中，渐渐失去姓名。

近年在社交媒体上走红的苏敏阿姨，把大半人生放在

[1] 施芸卿：《当妈为何越来越难——社会变迁视角下的"母亲"》，《文化纵横》2018 年第 5 期。

家庭中，待年届半百时才下定决心要真正为自己活一次，孤身一人开启全国自驾游。苏敏阿姨"离家出走"的决定让结婚几十年的丈夫无法接受，也在网络上掀起热议。可在她看来，这是一件到了这个年纪必须要做的事情，她形容自己 30 年的婚姻就像"从一个隧道进入另一个隧道，昏暗、无声、压抑"，在为人妻、为人母后，主动关上了想象力的大门。直到确定这一切不可忍受且无须再忍时，她才下决心找回曾经错过的广阔世界。而她所做的一切无法唤起伴侣的理解和支持。女性"为自己而活"终究是一场属于个人的救赎，是单方面自我主体意识的觉醒。苏敏阿姨的出走引起很多女性的共鸣，也在她们心间重重敲了一记。重新端详自己的人生，在母职的高墙上凿开一扇小门，走出去，由此看见一片新天地，这恰好符合米尔斯对于想象力的定义："所谓想象力，就是有能力从一种视角转换到另一种视角。"[1] 视角的转变，或许可以帮助厘清诸多问题的症结——除了作为妻子、妈妈之外，她想要成为怎样的女性？不再将"妈妈"的身份永远排在人生序列的最前面，

---

[1] 赖特·米尔斯：《社会学的想象力》，第 7 页。

转而先去安顿好自己，让伴侣看见自己的需求，认识到家庭的幸福不应该建立在女性个人生活的缺失上，微小的改变会随着观念的扭转而逐一慢慢发生。

当女性放下自责和内疚，从总是感到难以平衡的生活中清醒过来，借用米尔斯的灵光，打开自己想象力的大门，在现代社会的节奏中，尝试着更新传统母职的内容，向外连接一切可以连接的力量，提高另一半的育儿和家务参与程度，调整彼此的工作节奏，让工作—家庭的平衡成为男女双方一起面对、思考和改变的现实难题。当女性主动嵌入行动宽裕的环境，不再做那个永远站在问题靶心的人；当女性不再因为母亲这一角色而处处受限，或是无意识地主动为自己设限，疲于应对，付出难以想象的代价；当女性面临共通的精神困境，将所遭遇的问题本质撕开，在负累与挣扎里找到出路的开端，便会自然而然地发现，很多事情并不是理所当然的。过去人们告诉一个女性应该要做到的事情、一定要完成的任务、必须成为的模样，在今天是可以被重新审视、重新讨论、重新构建的。

或许本书无法给出回应这一切的答案，却依然希望能温柔地提醒每一位缺觉、疲惫的母亲，现代女性不需要成为一个无所不能的人，而是应该适当做一些"减法"，清楚自己正处于怎样的时代，从哪里来，将要往哪里去，如何处理家庭中的男女分工，如何面对复杂的代际关系，如何看待不断变化的社会环境对于养育子女的影响……从现实生活中得到喘息，在想到未来时，不至于丧失勇气。

从这个角度出发，本书所记录的并不是一个或两个女性的声音和诉求，而是想透过她们看到这个时代里女性群体的认知变革。一个女人的未来一定是妈妈吗？要做一个怎样的妈妈？是成为以一当十的完美妈妈，还是承认世上不是只有妈妈好？提出这一连串的问题当然是弥足珍贵且充满省思的，然而如果仅仅止步于此，还不足以解决诸多女性的现实困境。毕竟，摆在我们面前的事实是：抚育孩子是一个庞大的系统工程，只有母亲的无私和奉献是独木难支的，仅仅依靠女性在其中维持平衡，是脆弱且难以为继的，还需要家庭、社会、市场、国家的共同作用。如果能够有更多的外界力量涌入女性的生命中，在她们需要支撑的时刻，给予宽容与慷慨，她们便不会常常感到自己缺少力量、毫无选择。

文
景

Horizon

社 科 新 知　文 艺 新 潮

我不想成为伟大的母亲

泓 舟 著

出 品 人：姚映然
责任编辑：单 琪 李 頔
营销编辑：胡珍珍
封扉设计：汐和 at compus studio
美术编辑：安克晨

出　品：北京世纪文景文化传播有限责任公司
　　　　（北京朝阳区东土城路8号林达大厦A座4A 100013）
出版发行：上海人民出版社
印　刷：山东临沂新华印刷物流集团有限责任公司
制　版：北京楠竹文化发展有限公司

开 本：890mm×1240mm 1/32
印 张：9.125　字 数：124,000　插页：2
2023年10月第1版　2025年3月第2次印刷
定 价：59.00元
ISBN：978-7-208-18447-3 / C·695

图书在版编目（CIP）数据

我不想成为伟大的母亲 /泓舟著.—上海：上海
人民出版社，2023
ISBN 978-7-208-18447-3

I.①我… II.①泓… III.①女性-访问记-中国-
现代 IV.①K828.5

中国国家版本馆CIP数据核字〔2023〕第142389号

本书如有印装错误，请致电本社更换 010-52187586